本が好き

安野光雅

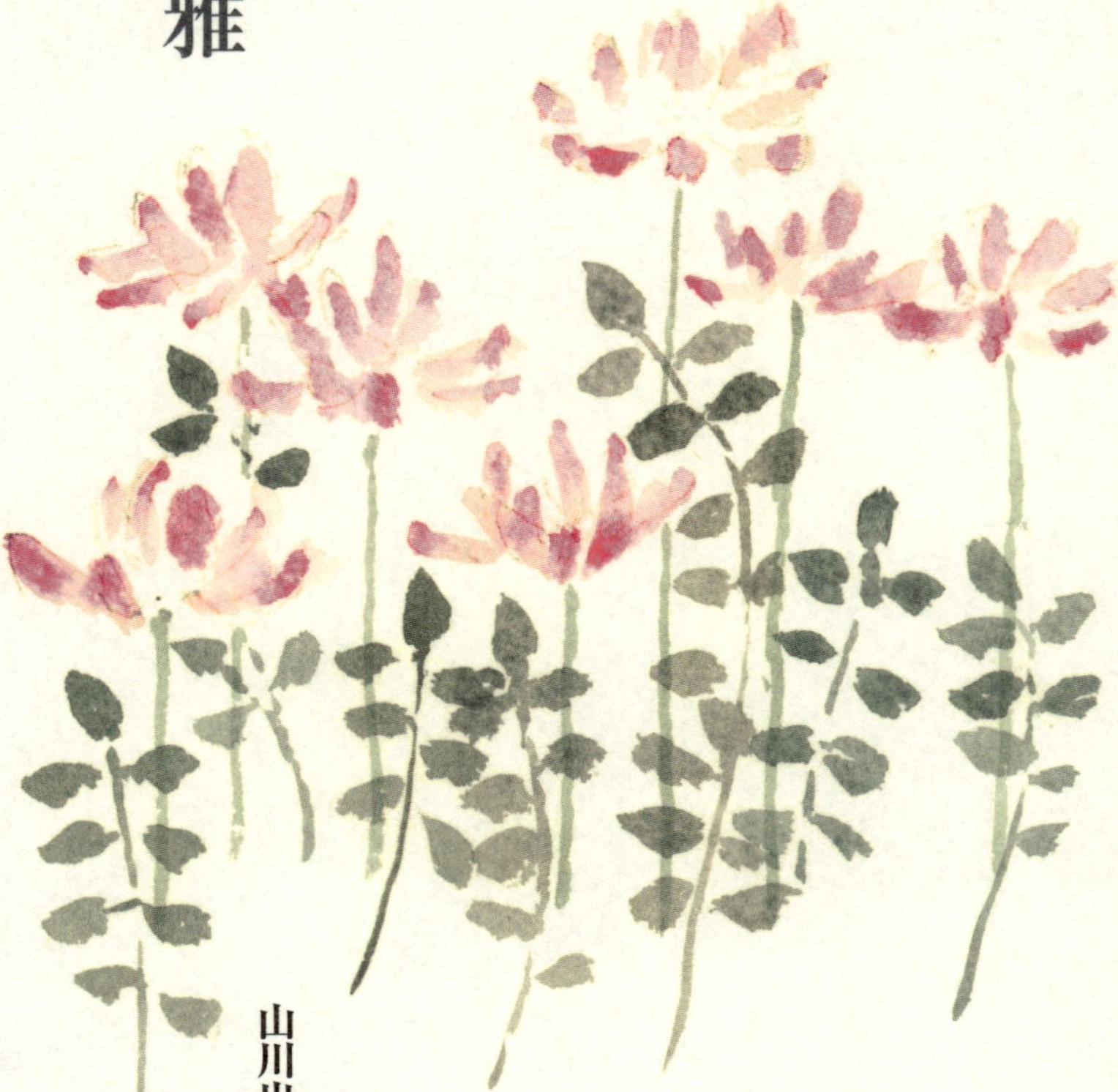

山川出版社

本が好き——目次

装丁・画　安野光雅
協力　中山デザイン事務所

本が好き

＊著作物からの引用にあたっては、新字新仮名遣いにあらため、漢字をひらいたり、適宜送り仮名を付したものがあります。

糞の山にもぐりこんで一生このままでいよう

『完訳ファーブル昆虫記』奥本大三郎訳

岩波書店のPR誌『図書』から、「無人島へ持っていく五冊の本をえらべ」というアンケートがきたことがあった。たぶん、わたしは『方法序説』『米欧回覧実記』『即興詩人』『ファーブル昆虫記』と、『モンテ・クリスト伯』の五冊をえらんだ。

はじめは覚えていたが、いまは調べないとはっきりしないところもある。『ファーブル昆虫記』は忘れていない。

わたしと同じ本を選ぶ人もいて、たとえば『米欧回覧実記』を選んだ人の中に杉本秀太郎がいた。一冊につき選んだ人が五人いたら最高点になることが、あとでわかった。

わたしは「同じ本を選んだ五人は、その中から世話役を一人きめ、一夜を明かして御馳走をいただく」という提案をした。

ただ『ファーブル昆虫記』の場合は人数が少なく、わたしと、檀ふみの二人だけだったから、幹事はわたしが受け持つことになり、一夜を語り明かそうということにした（一方通行的提案ではあるが、気にいらないことでもあるのか、檀ふみとの一夕はいまだに実現しないでいる）。

杉本秀太郎は「ファーブルならわたしも大ファンだからその一夕に加えろ」というので、いまからでは遅いとことわった。余談だが、ファーブルを読み終えたのは、シドニーの空港だったことをおぼえている。

わたしが読んだのは、林達夫と山田吉彦の訳（岩波文庫、全一〇巻）だったが、その後、奥本大三郎訳の決定版『完訳ファーブル昆虫記』（全一〇巻各巻上・下、全二〇冊）が集英社から出はじめた。すでに同じ訳者で子ども向けの本（『ジュニア版　ファーブル昆虫記』全八巻）もあった。これも集英社だが、子ども向きと言っても、じつに詳しく、わたしが装丁した。

決定版の担当編集の船曳由美は命がけだったことから考えても、訳者も大変だったと思う。ところが見事な本ができたのである。あと一冊で全巻ができあがるというが、「ほとんどできたが、注釈がたいへんなので……」と奥本さんはいう（二〇一七年五月完結）。

言い忘れたが、わたしはやっとのことでファーブルの原書（上製本）を、読めもしないのに手にいれた。日本へ帰るとき、うんうん言いながら空港へ持参したことを思い出す。今は津和野の安野光雅美術館に温存されている。

フランス語だから、読めない人には、手にとってもあまり意味はない。わたしは読めもしないのに原書を買って満足し、ファーブルの暮らしたセリニャンから、アヴィニョン、はては生地のサン・レオンまで三度もいった。

セリニャンでは村長さんのお母さんが、当時かなり高齢だったが、ファーブルの大ファンで、よく調べておられた。津田正夫という、『ファーブル巡礼』（新潮社）を書いた人は、このお母さんからたくさん資料をみせてもらったということだった。

わたしはむろん、ただのファンにすぎないが、奥本さん訳の『ファーブル昆虫記』の大人版が出たときは狂喜した。世の本にコンプリート版というものがあるが、これはそのコンプリートなる本で、これは文句なしに翻訳出版文化賞ものである。

養老孟司さんがそうであるように、虫が好きな人は偉くなるような気がする。だから『昆虫記』を読むといい。

奥本さんにはまだほかにも昆虫の本がある。わたしは採集はしないが昆虫の話は大好きである。しかし、『昆虫記』に書かれているのは、昆虫の話だけではない。中でもファーブルが子どもの頃のこと、サン・レオンで暮らした話はわたしのことのように思える。

奥本さんはフランス文学者である。その先生は井上究一郎（プルースト『失われた時を求めて』の訳者）といい、わたしは電話で話したことがある。会いましょうというちに時間がたって亡くなられた。おしいことをした。奥本さんが一度会えばよかったのにといった。これは一種の自慢話である。

わたしはレ・ザングルの丘へいった。しかし時がたって、フンコロガシはいなかった。セリニャンのファーブル記念館の館長さんからきくと、「うんと南の、サント・マリー・ド・ラ・メールまでいくとみつかるかもしれない」といわれるので、わたしは出かけて穴のあくほど見たが、フンコロガシは見つからなかった。

ところが、昆虫写真家の海野和男さんについていったら、すぐに四匹も見つかった。彼は一包みの馬糞を持参したのである。一匹は糞の山にもぐりこんで一生このままでいようとでも思っているらしかった。

ここでは、訳書の中から、ほんの一部を紹介したい。

フンコロガシの話である。

……糞虫が仕事場で、それぞれ自分の球にかかりきりになっているところである。だから、あとから来た虫には、なんの権利もないのである。

それなら、これは雄と雌が協力しあっているのであろうか。これから家庭を持とうという夫婦なのだろうか。しばらくは、私もそう思いこんでいた。二頭の糞虫が重い球の、一頭が前を、もう一頭が後ろを、同じ熱心さで押し転がしていくところは、私に、むかし手まわしオルガンが奏でていた唄を思いださせたものである。

おまえとわしとで所帯をもつにゃ、

ハーテ、なんとしょ。
おまえが前で、わしゃ後ろ、
二人で樽を押していこ。

鼻歌めいたこの訳だけとっても、この本は名訳である。同じ箇所を正調山形弁で読んでもらったことがある。そしてＮＨＫで放送されたのだったが、いまは音源がない。

奥さん。砂漠でそんなことを言わんでも……

武田百合子『犬が星見た——ロシア旅行』

あの竹内好と武田泰淳とその奥さんの武田百合子の三人がロシアへ団体旅行に行った。「つれて行ってやるんだからな。日記をつけるのだぞ」と泰淳さんは奥さんに言ったらしい。「竹内と百合子と俺で旅行しておきたいと思ってたんだ。……これから先、まあないだろうからな」とも言った。

シベリアの都市ノヴォシビリスクの空港で、車のラジエーターに水を入れているひとがいる。漏れるバケツで何往復もしてやっとラジエーターをいっぱいにしたらしい。銭高老人（銭高組の会長＝当時）という団体の一人が、偉いもんですなあ、自動車の方をもってくればすぐいっぱいになるのに何往復もして、と感心している。

飛行機も飛び立たないうちは「禁煙」であるが、泰淳先生は煙草に火をつけたらしい。斜め後ろの座席にいるロシア軍人が注意をした、「まだ禁煙です……」と。で、禁煙解除になると、その軍人が一足先に火をつけて、「もう吸ってもいいのだ」と吸い始めた。

飛行機が次の空港に着くと「売店でウオツカを買う」。「どこへ着いても、何よりも先に酒を手に入れておくこと」。

泰淳先生は、酒がないと世間は白黒映画、酒があると天然色の雰囲気の中にいるらしい。余談だが、松本で岸田今日子をのせた運転手が「他人の空似とはよくいったもんだなあ」としきりに感心していたが、やがて、「総天然色の岸田今日子なんて初めて見た」と言った。いまならオールカラーというか、いやカラーだけで間に合っている。昔は部分的にカラーという映画もあった。

銭高老人が風呂に入ろうとして、湯を出しはじめたら栓がない、どこを探してもない。風呂だけでなく洗面所にもない。ようやく添乗員の山口君に「世話してもろうて湯を浴びてきました」という。「この国は栓なしで風呂へ入るんか。どうやって入りますのやろ」というのは銭高老人の言葉。

夕食

○ウオツカ二百グラム（特別注文。分量だけもってくる）
○パン（直径二十センチ位の丸い平らなパン。まんなかに胡麻がついている。この丸パンがいく枚も積み重ねてある）
○ねぎの青いところを刻んで敷いた上に、赤黄色く熟したトマトの薄切り。塩をかけて食べる
○うどんと肉のケチャップ炒め
○アイスクリーム

朝食（空港食堂）
○パン、チーズ、バター
○ヨーグルト
○ゆで卵二個
○ミネラル水

ときどき皮の長靴を履いた若者や壮年の男が、（バザールの）門を入ってくる。なんて男前なのだろう。

昼食（ホテル食堂）
○コンソメスープ（じゃがいも、羊肉入り、月桂樹の葉が一枚浮いている）
○パン
○ハンバーグステーキ風（羊肉の挽肉を丸めて揚げてある。中にゆで卵が入っている。その肉団子の下に麦飯が敷いてあった）

夕朝昼と食事に何を食べたかということを、なぜ特筆したかというと、武田さんの文章からくる好感は、ひょっとすると食事のことにあるのかもしれないと、深読みしたからである。『富士日記』もそうだし、『日日雑記』もそうである。これらは日記だが、わたしが食べたもののことを書くとしても、こんなにすんなりとはいくまい。わたしは食べ物のことはあまりこだわらないが、人の書いたものにはひかれる。なかには外国で食べるものをいちいち写真に撮っている人がいる。文章はいいとして写真にまで撮るのは如何なものかと思う。「月桂樹の葉が一枚浮いている」という書き方は、すばらしい。わたしは、実際に月桂樹の葉が入っている事とは、違うけとりかたをする。

「銭高はんは、いつも持ち馴れんカメラなんか首から下げるさかいに、代りに財布を忘れますのや。双眼鏡で眺めるだけでよろしいのに。皆と同じように写そ思うて。また、あの財布には仰山入れてありますさかいに」

（中略）

……（銭高はんは）ふっと立ちどまった。

「わし、なんでここにいんならんのやろ」老人のしんからのひとりごと。

泰淳先生がカメラで奥さんを写そうとしている。

「あれ、へんだぞ、この写真機は。カシャッといわない」と言う。押してもシャッターが動かない。

「とうちゃん、こわしたな」

「俺、いま触っただけだよ。いままで百合子がずっといじってたろ」

「さっきまでカシャッといったんだから。いま、とうちゃんが触ったからこわれたの。いじくらなくても、触っただけでこわれたの」

「そうかなあ」

「うちにあるお中元や記念品のライター、みんな、とうちゃんが触ってこわれたんだから。とうちゃんが触ると、うちにある文明の利器はみんな腐ってこわれるの」

私の声は大きかったらしい。

「奥さん。砂漠でそんなことを言わんでも……」

このように言ったのは　江口というひとらしい。

わたしは思う。「砂漠でそんなことを言わんでも……」というスケールの大きさに虚を突かれた。

砂漠で包《パオ》の見物に出かけなかったドイツ人の体格のいい男が二人。一人が、そーっと隣の禿げた方の男の手の甲の毛を一本選んで抜いた。しばらくして、禿げた男が友達の手の甲の毛を一本抜いた。しばらくして、また男が隣の男の毛を抜いた。

まったくの余談だが、アメリカにローレル&ハーディというコンビのコメディアンがいた。ハーディが車でローレルの家を訪ねてきたのはよかったけれど、雨どいを車に引っ掛けて雨どいをもぎとった。ローレルは全く何喰わぬ顔をして、ハーディの車のバンパーをもぎとった。するとハーディはローレルの家の窓ガラスをこわす。こんなにして終始何喰わぬ顔で互いの家と車とを完膚なきまでにこわした。

売店には煙草がない。地下の酒場で売っているときいて買いにいく。地下でコック風の男が煙草を出してくれた。これはグルジア煙草でね、とか言いながらポケットをまさぐってマッチも出してくれた。

「いつも俺ばかりしゃべってるんだ。今日は武田が注文してみろ」

「うん」

竹内さんに言われて、レストランでは泰淳先生が中途半端な外国語で注文した。竹内さんが「通じるじゃないか。なかなか、うまいじゃないか」と言って褒めた。

注文した料理が運ばれてくる。サンドイッチばかりだった。

○とり肉サンドイッチ

○かにサンドイッチ

○ハムサンドイッチ

○野菜サンドイッチ
○魚サンドイッチ
○卵サンドイッチ
○ビール四本

夕食をたっぷりととる習慣の竹内さんは、
「もっとほかのものもとろう」と再三提案した。一日の中で夕食を一番軽くとってすぐ眠ってしまい、夜中か明方に夜食を食べる習慣の主人は、
「俺はいらない」と言う。その「いらない」の言い方は……「お前らもとってはいけない」という感じなのである。

はやばやと人や車の往来がと絶えた大晦日の晩などによく見かける。とりかたづけられ、いつになく広々とした舗装道路のまんなかに、野良犬なのか、とき放された飼犬なのか、ビクターの犬そっくりに坐って、頭をかしげ、ふしぎそうに星空を見上げて動かない。

まことに、犬が星見た旅であった。

竹内さん、泰淳先生、銭高老人。残念なことに（この本が出版されたときは）、この三人は亡くな

ってしまわれた。

もともとは日記をつけろと言われてつけたものだった。あとで昭和五十三年（一九七八）二月から十二月まで中央公論社の文芸雑誌「海」に連載された。昭和五十四年の春、単行本になり、そして、かの有名な読売文学賞をとった。この本の持っている深い力をよく審査員はみのがさなかった。

アフガン人の犠牲はその百倍だと考えてもいい

中村哲・（聞き手）澤地久枝『人は愛するに足り、真心は信ずるに足る――アフガンとの約束』

中村「そうですね。自分は、山の前は虫が好きで……。」
中村「蝶だけではなく、昆虫一般ですね。虫が好きで、そのために山に登ることが楽しくなったんですね。」

中村哲たちは、昔、山を歩いていたころ、こんなに美しい山のあるところに住めたらどんなにいいかしれないと思った、とテレビで言っていた。山のため、かの地に住んだ人たちは次第に減ったが中村さんは残ってしまった。

この本はペシャワール会（日本各地に散らばる、中村哲の考えに協調した人々の会）のように、お金を寄付したいし、彼の考えも広めたいと考えた澤地久枝が企画した。本を作り、売上金はすべてペシャワール会を通じ、そのすべてを役立ててもらいたいと考えた。この本については、ここでは中村さんを中心に書くことにする。

彼は二〇〇一年（平成十三）十月、衆議院にまねかれて、衆議院のテロ対策特別措置法案審議に、七人の参考人の一人として出席した。

「（二〇〇一年の）9・11事件のあと、米英軍によるアフガニスタン爆撃がはじまった直後である。この時点で、十八年間の現地体験を裏づけとして語られた訴えは、当時の世界のなかでも、きわだつものであった。集団テロの「衝撃」に、浮足立ち、テロ絶滅の戦争かテロ容認か、二者択一を迫る論議が、強権発動のようにまかり通った。心ある人も、沈黙を守らざるを得ないような狂気の風が吹いた。」（澤地）

中村参考人の発言要旨から

——私はタリバンの回し者ではなく、イスラム教徒でもない。ペシャワール会は一九八三年にでき、十八年間現地で医療活動をつづけてきた。

（中略）

私たちが目指すのは、山村部無医地区の診療モデルの確立、ハンセン病根絶を柱に、貧民層を対象の診療。

今回の干ばつ対策の一環として、今春から無医地区となった首都カブールに五カ所の診療所を継続している。

アフガニスタンは一九七九年十二月の旧ソ連軍侵攻以後、二十二年間、内戦の要因を引きずってきた。内戦による戦闘員の死者七十五万名。民間人を入れると推定二百万名で、多くは女、子ども、お年寄り、と戦闘に関係ない人々である。

（中略）

アフガンを襲った世紀の大干ばつは、危機的な状況で、私たちの活動もこれで終るかも知れない。

（中略）

広域の大干ばつについて、ＷＨＯや国連機関は昨年春から警告しつづけてきたが、国際的に大きな関心を引かなかった。アフガニスタンが一番ひどく、被災者千二百万人、四百万人が飢餓線上にあり、百万人が餓死するであろうと言われてきた。

麦と兵隊

中村哲は昭和二十一年（一九四六）九月十五日生まれで、この本が出たときは六十歳をこえている。

飯塚（福岡県）などの石炭産出地をながれる遠賀川《おんが》は、石炭を船に集めて河口の若松市（現在は北九州市若松区）にむかう。若松には玉井組という、わたしの若いころから有名だった沖仲士《おきなかし》の団体があった。組という言葉からもわたしは、単なる労働組合とは違うと思っていたが、たしかに違って組長の玉井金五郎はやくざの気はなく、むしろ労働者そのものだった。

作家の火野葦平は金五郎・マン夫妻の長男で、中村哲の母は次女にあたるから、火野葦平は伯父にあたる。作品には「花と龍」「糞尿譚」のほか「麦と兵隊」などがある。

「麦と兵隊」は、作詩・藤田まさと／作曲・大村能章（昭和十三年）で、

「徐州々々と　人馬は進む
徐州居よいか　住みよいか」
洒落れた文句に　振り返りゃ
お国訛り《なま》の　おけさ節
ひげがほほえむ　麦畠

という歌が流行った。

姉がいるが、きったはったの世界がきらいで、普通のサラリーマンと結婚した。そして、わたしははじめて知ったが、中村哲はクリスチャンなのだった。結婚もされて子どもが五人ある。

ペシャワールへボランティアでやってくるのは、ほとんど二十代の若者。アフガンは石がないという砂漠、というより、水のない沙漠であった。少ない水は劣悪で、医者としては、薬よりも井戸水がさきだとおもえた。

集団で井戸を掘った。うれしい連帯意識もうまれた。

（中略）

そういう意味で、論語や聖書を学んで得たものが大変役に立ちました。ここで「語る」とは、必ずしも言葉ではありません。行いや態度でしか語れぬこともあります。

（中略）

貯水もやりますけれども、川の水位がうんと下がったときでも取水できるような適当な高さの……しかしあまり塞《せ》き上げますと、今度は洪水で水門がやられるので、その加減が難しいのです。

（中略）

伝統的な寺子屋といいますか、モスクを中心にした識字教育などをするところ——マドラッサといいます——があって、……マドラッサで学んでいる子どもを、タリバンというのですが、それはアラビア語です。単数形がタリブ、複数形がタリバンですが、マドラッサで学ぶ子どものタリバンと、政治勢力としてのタリバンは違うのです。その区別もよくわからずに、「タリバンが集結している」というので爆撃して……死んだのは皆、子どもだったとかね。

中村哲さんは一人のお子さまをなくしておられる。これは、わたしの悪い想像だが、わたしが子どもをなくしたら、生きる気も働く気もおこらない。お金が入っても空中に散布するだけだ。しかし中村さんは生きた。胸中にどのような思いをひめておられたか知らないが、とにかく平穏な日本から、アフガニスタンへ井戸を掘りにいった。

医師として住みつき、井戸を掘ることからはじめなければならなかった。日本から見れば環境は劣悪である。

二〇〇八年八月、それに協力して働いていたペシャワール会職員の伊藤和也さんがテログループによって殺された。「伊藤さんは自ら人生を選び、その選択にゆるがぬ確信をもっていた」（澤地）。

この事件のとき、中村さんも日本へ帰るのかと思った人が少なくなかったが、彼は平然として、いまもいる。危険だから帰れと言われても、「危ないということは、私は、一昨年から言ってるのに」（中村）。

二〇〇八年十一月五日の参議院、外交防衛委員会に招かれ、中村さんは貴重な話をした。

「干ばつとともに、いわゆる対テロ戦争という名前で行われる外国軍の空爆、これが治安悪化に非常な拍車をかけておるということは、私は是非伝える義務があると思います。」

「私たちの職員の一人伊藤君が犠牲になったような、とんでもない無頼漢もいるが、各地で自発的な抵抗運動がおこなわれ、それだけ根が深い。八百万人のパシュトゥン民族農民を抹殺しない限り、戦争は終らないだろう。」

「アフガン農村では、復讐というのは絶対の掟である。一人の外国兵死亡に対し、アフガン人の犠牲はその百倍と考えていい。日々、自爆要員、いわゆるテロリストとして拡大再生産される状態にあることは是非伝えるべきだと私は思う。……」

と、医師中村哲は切々とうったえた。

これが現状である。この本の話はまだ途中で、紙数はつきた。

アフガニスタンの人々には笑う日があるのかな、と、思う。わたしには笑う日があるけれど……。

文明人はこれをやぶってはシリフキにつかう

『絵本　パパラギ　はじめて文明を見た南の島の酋長ツイアビが話したこと』
構成・絵　和田誠、エーリッヒ・ショイルマン編、岡崎照男原訳

和田誠がこの本に出会ったとき、きっとうなったにちがいない。

わたしは、こんな本があっていいものか、と思った。偉い哲学者や、お坊さんや警官や裁判官やそういう偉い人のいる国で売りだしていいものかと思った。

そういうことをしては、哲学者や企業人がまず困る。困る人はもっと出てくる。一時代前なら発売禁止ものだ。

「ぼくは、熱がでたからそんな本は知らない」という顔をして、何度も読んだ（アメリカだったら、熱が出たといって訴えれば勝てるかもしれない）。

わたしは、文明人だと自負していたのに、文明人の方がおかしくなって、一介のツイアビのほうが偉くなってしまう。そういう間違いを起こす本なのだ。

コトワザと箴言《しんげん》とを合わせて、縄のようにない、丈夫にして毒矢でも消せない頑丈な講演集になっているが、この講演集はドイツでまとめられたものだ。

そうだろう、サモアで本にしようとしても、サモアには紙くらいあるかしれないが、印刷ができまい。サモア語で印刷したところで、だいいち読者がいるだろうか。

本を初めて見た彼らは、「ははあ紙をばらばらにしないために重ねて綴じたのか。それにしても紙の面のふしぎな汚れはなんなのだ」。

隣の物知りじいさんがいうには、これは「シリフキ」を綴じたものだ。文明人はこれをやぶってはシリフキにつかう。考えてもみろ、白い紙をシリフキに使う馬鹿がどこにある。

シリフキを作るために、たとえばエーリッヒ・ショイルマンが、印刷という方法でたくさん一度に紙汚しをして、毎朝、家いえに配達されたもののなかから「シリフキ」としてまだ使ってないものを集めて綴じたんだという。

酋長のツイアビは、朝が来るたびに濃い茶色の薬を飲むため、店に集まってくる上流階級らしい人たちが、今日はどのあたりをやぶってシリフキにしようかと考えながら紙を広げて見ているところに出会ったし、あまった紙を買い取る人も見たそうだ。

これは新聞紙をはじめて見たツイアビ酋長が考えただろうと思う、わたしの想像である。そんなことをいっても、わかってもらえないかもしれないから、実際の文章を『絵本　パパラギ』のなかから、ヒトシリ分だけつかわせてもらう。

これは和田誠という、下手な哲学者よりもよくものわかったひとの構成だ。絵がじょうずだから、文が読めないひとのために、どの話にも絵がついている。この絵も隅から隅までみるとよくわかる。

> 丸い金属と強い紙。彼らが「お金」と呼んでいるもの。これがパパラギ（村長ツイアビから見ての白人）の神さまだ。
>
> あの国ではお金なしには生きてゆけない。日の出から日の入りまで。お金がなければ、飢えも渇きもしずめることができない。夜になっても寝るためのむしろがない。
>
> 一羽の鳩を獲るのにも、川でからだを洗うのにも、歌ったり踊ったりする楽しみのための場所へ行くのにも、仲間に相談に行くのにも、たくさんの丸い金属や強い紙を渡さなければならないのだ。
>
> そう、生まれるときにもお金を払わなければいけないし、死ぬときも、ただ死んだというだけで、家族はお金を払わなければいけない。
>
> からだを大地に埋めるにも、思い出のためにその上に置く大きな石にも、お金がかかるのだ。

このなかで、「仲間に相談に行くのにも」というところは、わたしの考えすぎかもしれないけれど、ここで必要なのは、一種の賄賂《わいろ》なのじゃないかと思う。それとも弁護士か。お金がかかるというけど、この本を買うにもお金がかかる。でも本は一般に安い。どんな本でも、からだの外からみえるところを飾るものより安い。

心の支えにしてもらいたい本

デカルト『方法序説』谷川多佳子訳

もっとも大切だと思う本をあげる。まだ読んでいないひとは、この機会にぜひ手にしてもらいたい。とりわけ若いひとはこれを熟読して、心の支えにしてもらいたい。

良識はこの世でもっとも公平に分け与えられているものである。

この本はこのような書きだしではじまっている。嘘か真か（偽か真か）ということを見分ける能力は誰にも備わっているはずである、というのだ。わたしはむかし落合太郎の訳で読んだとき、この一行だけで感激した。いまは、谷川多佳子の新訳で平易な言葉で読めるようになった（ともに岩波文庫）。

わたしは、ためらわずにいうが、この一冊を読んで共感をもっていただくならもう、ほかは読んでもらわなくてもいいほどである。

三〇年戦争（一六一八〜一六四八）の折、従軍したデカルトが兵士としてドイツのウルム（ノイブルク）に一泊したとき、建築物のなりたちからはじめて徹底的に考えをすすめ、「われ思うゆえに、われあり」という（短くしたらちょっとわかりにくい）良識にたどりついた。

落合太郎にいわせれば、ウルムに入る前のデカルトは一介の兵士だった、ウルムをでるとき、一夜にして哲学者になっていた、という（落合太郎訳の訳注）。その時のデカルトは二十三歳であった。

ああ、わたしが二十三歳の時なにをしていたのだろう、代用教員で碁ばかりやっていて、村一番だと自慢していた。村一番といって驚かぬ人はないが、東京へ来てはかったら、約七級であった。

ただし、この『序説』が本になったのは、デカルトが四十一歳の時、オランダで著者名なしで出版されたという。そもそもデカルトがオランダに住んだのは、フランスの哲学者たちから相手にされなかった。極端に言うと命を狙われかねない存在だったから。

真理に一歩近づくだけのために、当時は命がけだった。同じ時を生きたガリレオの断罪やジョルダーノ・ブルーノの焚殺などの例を見てもわかるような気がする。

デカルトは本という本を読んだ。なによりも数学が好きだった。数学の基礎はあれほど堅固なのに、より高い学問がその上に築かれていないことをふしぎに思った。

錬金術師の約束、占星術師の予言、魔術師のまやかし、知らないことまで知っているといいふらす人間どもには、もうだまされないぞと思った。

人間はよわいところがある。だまされやすい。しかし、さきにあげたような偽（嘘）の一群にはけっしてだまされないぞ、と思ったというのだ。

ありとあらゆることを疑った。最近のコマーシャルはいい例である。一つのコマーシャルが一つの誇大広告をし、それを信じたら、他の正しい主張も嘘になり、真実は嘘を信じる人のために霞んでしまう。

幾何学は、単純な公理からはじめられる。たとえば直線は、「無限に真っ直ぐ伸びた線」。「まっすぐな長さだけがあって幅のない線」「曲線の一種」ともいえる。こんなに単純なことはない。そんな単純なことから、極めて難解な幾何の問題をたどるのだが、その途中は疑いの余地がないほど、明らかな証明の積み重ねである。

第六部にいう。

……どんなにすぐれた精神の持ち主にしても、わたしの哲学の諸原理を知りたいと願う理由はないだろう。というのは、かれらがどんなことについても語れるようになって、学者の名声を得たいと望むなら、真理を探究するよりも、真《しん》らしさで満足するほうが、はるかに容易に目的を達するだろうから。真らしさは、あらゆる種類のことがらにおいてたいした苦労もなく見つけることができるが、真理は、ある限られたことがらで少しずつ発見されるだけであり、ほかのことがらが話題になると、知らないと率直に打ち明けねばならないものなのだ。

デカルトはガリレイ事件のことを、知らされていた。

デカルトの歩みは慎重かつ確実である。既成の学問をおよそすべて学んだうえで、それらの長所を認めつつも、ラディカルに批判する。そのうえで新しい学問の「方法」を提示する。それは数多い規則の集成ではなく、シンプルで、それさえ遵守すれば（学問的）真理を見いだせるというものだ。（谷川多佳子。訳者「解説」より）

デカルトが表したかったのは、「普遍的なものとなって後世に残るであろう、学問の方法、新しい科学や学問の基礎を示す広い意味での哲学の根本原理、自然の探求の展望と意味なのである。新しい哲学の方法を示し（数学を基にした四つの規則）、新しい科学の一端をかいま見せ（宇宙論や機械的な人体論）、その哲学の出発点（コギト・エルゴ・スム）を確立し、形而上学の基礎を述べる」（谷川多佳子。訳者「解説」）ことであった。

「さらには科学技術文明の弊害、たとえば環境問題や自然破壊、はては医療への不信、倫理の不在までも、デカルト主義をその思想基盤とする見方さえある。」（同上）

科学の道は遠い

橘南谿『東西遊記』宗政五十緒校注

この本は、いまとなっては珍本である。東洋文庫という定評のある平凡社のシリーズのなかにある。わたしは大岡信と対談をしたときに教えてもらった。

昨夜考えたことだが、客観的というのはみんなが考えていること、主観的というのは世間とは切り離しておもに自分が考えていること、をいう。はなはだ漠然と主観的という見方が正しいとおもっていたが（多数決、天動説などがそれで）、どうもそうではないらしいと思った。

科学の道は遠い。その遠い道のりのなかで、わが橘南谿は医業をかたわらに、諸国にでていき、珍なる話を見聞してくるのである。

ここでは、その一部分を紹介したい。

○竹根化蟬（福井）

今でいうと冬虫夏草である。昔のひとは、ははあ冬は虫だけど、夏は草になるのか、と合点した。今風に言うと、蟬の屍にかびがはえているもので、ナントカの妙薬だというので、大陸の吉林省では栽培されているという。中国で面白半分に買ったが、気持ちがわるいので、ひとにやってしまった。知らない者には妙薬とも見えるだろう。

○蜃気楼（富山）

小学校に蜃気楼《しんきろう》の掛図があった。「海上に雲のごとくに気立ちのぼりて、楼台、城郭の形をあらわす」。これが「歴然としてみえるのだ」という。まさに掛図の絵は南蛮の人々が市場を行き来する絵であった。

夏、道の上が雨に濡れているかのように、前方の風景をうつすことがあるが、これはいわば蜃気楼の一種で、富山湾の沖（魚津市の沖）にでることがあるというのもこのたぐいであろう。わたしは「今日、幸いなことに、富山の蜃気楼をみました」というひとをしっている。

わたしも中国で敦煌へ行く途中、車の窓からそんなに遠くないところで、鮮明な蜃気楼を見た。物理現象だから、遠くの町の往来が見えるわけではない、そこの風景が倒立して鏡を逆にしたようにみえるだけである。

○七不思議（新潟）

越後国弥彦の駅より南に入る事五里にて、三条という所あり、甚だ繁華の地也。

この三条の南一里に如法寺村という所がある。この村に自然と地中より火のもえ出ずる家二軒あり。百姓庄右衛門というものの家に生ずる火が最も大きい、とされている。

越後は日本で石油のでる唯一のところとされてきた。今は工業用には採算が合わないが、ほそ

ぼそならば、でているかもしれない。二〇年ばかり前、石油をくみだしているところを見たこともある。しかし石油をしらなかったら「火もえ出ずる」ということにもなろう。

○不食病（愛知）

この病、昔の医書に見えざる事なれども、近き年は世間に多き病也。……彼家にては新に不食病と名付けたり。

ここには、不食病というふしぎな病気のことが書いてある。いまの拒食症のことかもしれない。わたしはこの病気にかかっている本人にであうまで信じられなかった。

○羽州の鬼（秋田）

出羽の国小佐川という所……行逢いける老夫に「先の宿迄ゆくに日は暮まじや」と問うに、眉をひそめ、「……是より先は殊さら鬼多し。旅するも命のありてこそ。何いそぎの用かは知らねども、日暮に及んで行給わんは危し」と云う。

「扨はそらごとにあらじ」。故郷をでて、かなりすすんだのだから、鬼がでてきてもふしぎではない。犬か狼の類かとおもわれる。

○塔影（長野・京都）

……上諏訪の塔の影、下諏訪明神の拝殿にうつるという。

わたしの家でも、雨戸の節穴から前の家の屋根瓦がいちめんに押入れのふすまに投影していたことがあった。ただし、そのことに気がついたのは、倅が、屋根の上を行く猫の映像をみたとき、ひどく驚いたことにはじまる。

岡さんという先輩が、針孔写真機をつくった。中にフィルムのかわりに印画紙を入れるから露光時間が長くなる。そのため、動くものは写らないため、昼間撮っても人間が写っていないことになった。

唐土《もろこし》にも塔影の穴より入る事は有りて、人の奇とする事にや、輟耕録《てっこうろく》、夢渓筆談《むけいひつだん》などにも論じ置けり。此東寺の塔影を見たる後よりぞ、諏訪の塔影のうつるも虚言なるまじき事をさとれり。

とある。この本の上下巻にはいろんな、おもしろい話がつまっている。

門外不出の本、貸すわけにはいかない

ホワイト『科学と宗教との闘争』森島恒雄訳

大切にしている本がある。岩波新書（赤版）で古い。『科学と宗教との闘争』という本である。手に入りにくいかもしれないが、ぜひこの本を探してもらいたい。ここに訳された言葉は、どこをとっても感動を与えぬものはない。貸すわけにはいかない、門外不出ときめているのだから……。

……（地球の反対側にも人間が住んでいるかという問題を最初にとりあげた教会人は）聖グレゴリウス〔四世紀の教父〕だったが、彼はジブラルタル海峡から向こうへは航海することは不可能だといった。また西方ではラクタンティウス〔三世紀末の神学者〕がこういっている。「足が頭よりも上にあるような人間が棲息することを――……、また雨や雪や霰が大地に向かって上向きに降ってくるということを、そんなことを信ずるような馬鹿者があるだろうか。

……ひとたびあやまった考えをもつとそれを頑固に固持し、虚偽を虚偽によって弁護するような人間については、私は言うべき言葉をもたない」と。

この説をきいていると、うれしくなってくる。世界地理についてわかっていない人たちが、想像をめぐらして考えると、たぶんこうなる、この想像くらいおもしろいことはない。

地理学に対する教会の抑圧を総括すれば、聖書を固執して発展した教義と、数世紀にわたって「常に、あらゆるところで、すべての人に」信ぜられた教会の考えとは、真理に対してきわめて敵対的であったと結論せざるをえない。しかし、ここで《宗教的》精神と《神学的》精神とを区別しておくことはきわめて必要なことだ。大陸発見の諸航海の中でももっとも重要な航海は、主として宗教的精神に負うところが少くない。キリストの国を拡めようという切実な願いは、アフリカ沿岸航路の開発に努力をつづけたポルトガル王ジョアン、喜望峰を迂回したヴァスコ・ダ・ガマ、世界を一周したマゼランなどの精神に影響を与えたし、またコロンブスのもっとも世俗的な動機の中にすら、この宗教的な願いがあったことは疑えない。

コロンブスは奴隷商人で、アメリカ大陸発見は幸運だった。そこにはいい奴隷がいると思っていた。純粋な意味での冒険家ではない。

……《不信心者》《無神論者》として告発された人々の名簿には、偉大な科学者のほとんど全部――一般学者・発明家・博愛主義者とともに――が含まれている。もっとも謹厳なキリスト教的生活も、もっとも高貴なキリスト教的人格も、この攻撃を防禦するのには役立たなかった。アイザック・ニュートン、パスカル、ジョン・ロック、ジョン・ミルトン、それにハワードやフェヌロンのようなキリスト教徒も、みなこの武器を投げつけられている。神の存在のあらゆる証明の中でも、デカルトの証明はもっとも深く近代人の心奥に徹した。しかし、オランダの新教の神学者たちは、そのデカルトを無神論のかどで拷問にかけ死刑にしようとした。フランスのカトリックの神学者たちは、デカルトの葬儀に際し、彼に敬意を表するような行事はすべて禁じたのである。

一千年間のもろもろの教会儀式によってよりも、その祭壇の前で揺れているランプをガリレオが観察したという記憶によってその名を知られたピサの大寺院の主人公たるこの男（大司教）が、大哲学者ガリレオに対して包囲攻撃を開始したのである。

わたしは、このランプを見た。高い高い天井から吊りさげられていた。一番はじめに誰がこのランプを動かしたのだろうと、疑った。

ガリレオは、自分の発見が聖書に反すると非難されたのち、太公妃クリスティナと友人カステリに宛て、自分の発見が聖書と矛盾しないことを説明する二通の手紙を送っておいた。ピサの大司教は好機いたれりとした。彼はこの二通の手紙を手に入れ、これをガリレオが神学と聖書について異端的見解を発表した証拠として提出し、この天文学者を異端審問の掌中におとし入れようと決心した。そこでこの大司教は、ガリレオの書簡の原物を見せてほしいとカステリに乞うたのである。カステリはこれを拒絶した。大司教は（現在では明らかになっているように）痛烈にガリレオを非難する書面を審問官に絶えず送る一方では、カステリに対しては、ガリレオの天分に対する最上級の称讃の意を表明するとともに、彼の発見についてさらに多くのことを知りたいという切実な希望を申し出た。カステリはこれに動かされた。が、ガリレオはその書簡を渡すことを頑強に禁じた。そこで大司教は、ついにその仮面を脱ぎすて、公然たる攻撃に移らざるをえなくなった。

ガリレオを粉砕しようとする者と、彼を救おうとする者との闘争のいきさつは、もしそれがあれほど邪悪に満ちたものでなかったならおもしろいものであっただろう。

カステリという人物をしらべてみたが、いまのところ不明。

しかし、反対勢力はあまりに強大だった。一六一五年、ガリレオはローマの異端審問所から召喚された。長期にわたって敷設されてきた地雷はここに爆発した。法皇パウルス五世と審問官としての枢機卿は、太陽の黒点に関するガリレオの書簡からひき出された二つの命題、――すなわち、第一、太陽は地球のまわりを回転せず。第二、地球は太陽のまわりを回転する――を検討することを十一人の異端審問所の神学者に命じた。

彼らは答えた。

「太陽は宇宙の中心にして、地球の周囲を回転するものにあらずとする第一の命題は、神学的に愚昧・不合理、かつ虚偽であり、明白に聖書に反するがゆえに異端である。また、地球は宇宙の中心ではなく、太陽の周囲を回転するという第二の命題は哲学的に不合理にして虚偽であり、神学的見地からは少なくとも正しい信仰に反する」

なんという学識経験者たちであろう。ジョルダーノ・ブルーノのように聞く耳を持てば理解できたかもしれず、いまの子どもなら小学生でも答えられることを、十一人もかかって、ガリレオを罪に落とすことしか考えていなかったのだ。

ガリレオはこの命令（地動説の放棄）に服従し、退廷を許された。この審問はすべて秘密に付された。

それから約十日のちの一六一六年三月五日、（現在明るみに出ている書簡と文献が示すように）法皇パウルス五世によって動員された禁書目録会議は、おごそかに判決を下した。すなわち、地球がその軸と太陽を中心として二重の回転をなすとする理論は「虚偽であり、聖書にまったく反する」ものであり、この理論を教え、または擁護してはならないと。この判決によって、コペルニクスの著述、および、その他の「地球の運動を肯定するすべての著述」は罪とされ、コペルニクスのあの偉大な著述『天体の回転について』は、異端審問所の見解通りに修正されるまで禁止されることになった。ガリレオとケプラーの著作は、それと名指しはされなかったけれども、「地球の運動を肯定するもの」として暗黙のうちに発禁書の中に含められたわけである。

この判決は禁書目録に登載された。そしてその禁書目録には、その戒告を法皇が認可することを示す例の法皇教書が添附された。告発された著作や断罪された章句は、これを教えあるいは読むだけでも、この世における迫害と来世における劫罰の危険を冒すことを意味した。人間の科学は、明らかに決戦に敗けたのである。

このあとしばらくの間、ガリレオはまったく従順な態度でローマに留まった。法皇パウルス五世は彼に好意を示した。この永い戦いは万事めでたく終りを告げるように思えた。しかしフィレンツェに帰るや、ガリレオの内部には昔の科学的情熱がうごめきはじめた。

卑怯な攻撃は再開された。

……ピサ大学教授としての俸給をガリレオから取上げてしまった。

（中略）

……ガリレオは干潮満潮について書く意向を発表していた。が、彼は中止した。こうして世界は一つの大論文を失なった。

彼に最後の攻撃を加えるために、重砲隊は部署についた。この武器は科学のどの戦場にも見られるものだ。それは全面的告発であった。イエズス会の神父メルキオル・インコフェルは次のように宣言して、砲口をガリレオに向けた。「地動説はあらゆる異端の中でもっとも憎むべき、もっとも危険な、もっとも恥ずべき異端である。地球不動説の方がその三倍も神聖だ。霊魂不滅や神の存在や託身説を否定する理論も、これを地球の運動を証明する理論にくらべれば、まだましである。」

しかしこうした状態にいつまでもがまんできるものではなかった。自分を抑えきれなくなったガリレオは、慎重な論文を対話の形で書き〔『天文対話』(岩波文庫で読める)〕、コペルニクス説を支持しプトレマイオス説を否定する理論を発表した。そして、もしその論文の印刷が許してもらえさえすれば異端審問所が課するどんな条件にも服従する旨を申し出た。教会はこの上なく屈辱的な条件付でようやく同意した。その条件というのは、同書は事実上ひとつの《想像のたわむれ》として書かれたものであり、一六一六年に異端審問所によって確認されたプトレマイオス説の真理に少しも反対するものではないということを神父リッチャルデイが書き、ガリレオがそれに署名したものを序文として添える、というものであった。

(中略)

「もう、どんなに手をつくしても、地球の運動をとめることはできない」と(カステリは)いったけれども無駄だった。彼は職を免ぜられ、ガリレオは弁護人も助言者も伴なわず、おそろしい法廷に出頭させられた。そこでは、法皇ウルバヌスの公然たる命令によって、拷問にかけるとおどされた。（このことは永い間秘められていたが、いまではすっかり明るみに出されている。）次いで彼は威嚇を持って自説の廃棄を強要され、ウルバヌスの命によって投獄された。（これも文献によっていまでは十分に明らかになっている。）異端審問所はもっとも卑屈な態度で法皇の権威に服従したのであった。

この物語の続きは世界中がよく知っている。最近のどんな努力も、これをごまかすことはできなかった。ガリレオが屈辱と肉体的拷問に匹敵する禁獄の苦しみとを与えられたいきさつを、また、次の取消文を法廷の面前で、しかもひざまずいて、読みあげることを強いられたいきさつを、世界は永久に記憶するであろう。「われ、ガレリオ・ガレリイ、齢七十歳は、囚われ人としてひざまずき、審問官諸氏の面前において、わが眼前に聖書を取り、手をもってこれに触れつつ、地球が動くという説の誤りと異端を棄て、呪い、嫌悪するものである……。」

（中略）

多くの人々はこの取消文を見て驚いた。そしてそのために、人々は殉教者の称号をガリレオに与えることを拒んだ。（中略）彼は異端審問所がどんなものかをよく承知していた。この同じローマで、科学的、哲学的異端のためにジオルダーノ・ブルーノが焚刑に処せられた〔一六〇〇年〕ことを、彼はほんの昨日のことのように記憶していたはずだ。

そこは、バチカンに近いサン・タンジェロ霊廟からテベレ川を渡ったところにある広場である。あわれブルーノはそこで焚刑に処せられた。

ガリレオが裁判を受けた法廷は、森啓次郎という「週刊朝日」の編集者と二人で、ガリレオの研究者、板倉聖宣に教えてもらって訪ねた。法廷はなんと、小さな教会だった。

フィレンツェの美術館の近くには、川に面したところにガリレオの望遠鏡などが並ぶ博物館がある。

近年、ローマ法王は、ガリレオが正しかった、彼の忍従が科学の進歩を確保した、というような意味の、詫びをいれてごまかした。わたしはそれだけではすまされない。誰それが異端審問所を取り仕切っていたか、魔女裁判など、いわれのない判決に与した人々の名前も永遠にあきらかにしてもらいたい。

たとえ、暗闇の宗教の時代でも、彼やコペルニクスの意見に正しく耳をかたむけたら、地球のほうが動いていることは理解できたはずだ、と思う。

そうでないのなら、宗教とは、あまりにも無残冷酷ではないか。

ただ一つだけ、救いがある。この本の著者ホワイトは、ニューヨーク州に生まれ、コーネル大学（ニューヨークにある私立大学の名門（豊富な蔵書が有名である））の学者として多忙な日々をおくった。

驚くなかれ、彼は誠実、敬虔なキリスト者だった。

……科学の敵は《宗教》ではなく《神学》――神学的ドグマチズム――である、というこの著者の胸奥の叫びといってもいい信念――本書の本質――が見逃がされるであろうから。

と「訳者あとがき」にある。

訳者は、森島恒雄、一九〇三年に福岡県に生まれたとある。いまは、この訳者にもう会えないかもしれない。

わたしの持っている本は、一九六八年一七刷りで、相当に古い。大切にしている。門外不出である。この本は天文学についてのみ語ったものではない。しかし、よく知られているガリレオの苦悩のために、ここでは天文学の部分を主にして書いた。

「遺伝子のたくらみ」を語るよりもむつかしい

日高敏隆『人はどうして老いるのか　遺伝子のたくらみ』

言葉の流れの美しさ

算数の問題がある。ほとんど短文でできている。文学と違って、解く方法はいろいろあっても、文章の解釈は一つしかなく、明晰にして完結である。

文学と違うといったが、寺田寅彦のように、科学的な記述が文学になるという例がある。寺田寅彦の文章は、言い回しはあるとしても形容詞はきわめてすくない。読んでいると一歩先を歩く人についていくように、その足跡を踏み（「そうだろう、そうだとも、わたしもそう考えていた」というような、本当はわかっていないくせに、自分が足跡をつけているような錯覚をおこさせ）ながら、ついていくうち、いつしか山頂にきていたりして、うれしくなってしまう。

文系、理系などとよくいうが、（書斎や実験室の別を超えて）表現になると、その区別はないことがわかる。

小説の場合、それを読むか、読まぬということの前に、その文章が明晰、的確であるかどうかが大切で、そこに描きだされている内容、顚末はさておき、読んでいるだけで「気分がいい」「納得できる」「内容は問わない」、それは言葉の流れの美しさにほかなるまい。

そのために、文章はわかりやすく、専門用語はできるだけ避け、井上ひさしではないが難しいことをやさしく、形容詞を何重にもつかって文章を飾り立てない。美談やもっともらしい教訓で人の心をくすぐろうとしない。コマーシャルのように、華麗で美文調にしない。

美しいというのは、こういう姿に言われることで、絵でいえば、「写真のようにそっくり」（このことには、もっと詳しい説明が必要だが）であること以上に大切なことであろう。

さきにあげた、算数の問題は、説明文の頂点にある。文学は説明ではない。けれども頂点であったかのように理解できるときがある。

『人はどうして老いるのか　遺伝子のたくらみ』というような、説得のむつかしいことでも、美しさを隠し持っていれば読める。いいかえれば、先人の足跡を踏みながらついていくことができる。わたしのように遺伝子の問題などとは無関係のものが読みふけるのは、「遺伝子のたくらみ」が知りたいのではなく（足跡を踏んで、ついていくことができる文章の）あり方に酔っているのかもしれない。寺田寅彦の書いたものはそうだった。

遺伝子のたくらみ

なかなかと書いたが、前から日高さんの書いたものは、むつかしくても順序良く、明快で、文章に酔うことができる。どうやってこんな文章が生まれるのか知りたいが、おそらくそのことを説明するのは、「遺伝子のたくらみ」を語るよりもむつかしいだろう。

遺伝子は、もう何千万年も前から、あるたくらみを持って、わたしたちの体を仮の宿としてき

た。アンノという人間も、ブタも、カマキリもそれぞれ遺伝子がいて、その遺伝子がそれぞれのからだに住みついていたのか、と解釈した。

わたしは知らなかった。わたしはわたしに派遣された遺伝子の命ずるままにうごいていた。自由にふるまってきたように思うけれど、その自由をふくめて、幼児から、青年になり、大人になり死に近づく成長過程の変化のすべては、遺伝子が用意しているプログラムにしたがっていたのだ。

幼児が誰からも教わらないのに親に甘えて、乳をさがし、母は乳を差し出し、青年は時が来れば、たがいに配偶者をさがし、誰からもおしえられずに過ちをおかし、その過ちがゆるされたことをしって大人になり、ついにはその先に死がまっていることを発見する。象は死期を知っているといわれ、わたしも信じていたが、それは密猟者が作り上げた嘘だということになっている。

昔は、それらの、教えられもしないのにやっていたことは、本能という言葉で片づけられてきた。それでもいいが、その本能というめでたいものは、ほとんど遺伝子のなせるわざだった。

そのむかし、マゼランが、南アメリカの南大西洋側を南下するとき、そこにも人類がいたことを知って、そこの住民をつかまえ英国へのみやげにしようとするが、なんとそこの住民は一夫一婦制だった。文明人よりもよほどそうだったらしい。はじめは珍しくて寄ってきたが、さらわれることをおそれ、森の奥へ逃げたという。

わたしは、不倫とか一夫一婦制は人間の生活の知恵で、そこまで遺伝子がお見通しだとはおもえないが、遺伝子は知っていたのだろうか、きいても答えてはくれない。

ウォシュレットという便座がある。この話をするまえに、わたしは塗り薬でも盛り上げるくらいに塗らなければ気が済まない人間であることを言っておかねばならない。

いやまてよ、この話は書きたくなかったのだ、やめようかと逡巡したが、まあいいかとおもった。

用がすべて終わってふりかえると、便器のなかが鮮血で真っ赤になっているではないか。一度流したら、まだ血の赤色が残っているほどだった。自覚症状はない。これは、何かであると考えるのだが、思いつかない。このほか全く自覚症状はない。

わたしはその夜、早く寝ることを宣言し寝て考えた。死期がきたのかもしれない。

通帳とかハンコのあるところ、そのほか遺言など、いろいろ考えた。医者に行けというが、まだ医者に行く気になれない。たまたま大野という友達がいて奥様が医者なので、電話で話した。

わたしは水圧の事故で切れたのではないか、と言った。「いま心臓がわるいので血液をさらさらにする薬を飲んでいる。このためではないか」というと、「聞いたことはないがそうかもしれない。自覚症状がないのに、そう鮮血は考えられない」という。

わたしは、やや安心した。そしてあらたに死生観を考えた一夜を貴重なものと考えた。むだではなかったのだ。

ドイツ文学者の高橋義孝は「人間死ねばゴミになる」と朝日新聞に書いたため、どっと反論があったという。前著『本を読む』に書いた中江兆民の説がある。人間はだれでも、生まれたとたんに、死に向かってあゆんでいる。不老長寿の薬があると信じた人もあろうが、あるはずがない。

尊厳死協会

鹿島建設に河合金次郎という人がある（鹿島建設の文化事業の背景を持つ八重洲ブックセンターに、鹿島建設から出向されていたのである）。はじめに余談をする。

この河合という方が、わたしがアメリカに行くとき、「あそこへいくなら、フランク・ロイド・ライトの落水荘をみてきてはどうか、頼めばみせてくれる、わたしはみたことがある」という話になった。

あの国は日本とはスケールが違っていた。

ピッツバーグの町の警察署に行って「落水荘に行きたいのだが」ときいたら、笑って「道は教えられるけど、本当に行く気なのか？ あなたは明日の明け方ころ落水荘につくだろう。幸いこの町にも落水荘に似たものがあるから、そこにしてはどうか」と言われた。落水荘は町から八〇キロほど先にあるらしい。

わたしは、落水荘ではないが、川の上に建ち、枕の下を水の流れる、見事な建築をみたのである。

ライトは旧帝国ホテル、自由学園などを設計し、日本建築に心を動かされてアメリカに帰ったといわれている。歴史にのこる建築家である。余談おわり。


この河合という方が『無』という小冊子を出された。これが驚くべきもので、本を出したくはないが、あまりにたくさんの人が同じことをききにくるので、返事の代わりにパンフレットに答えてもらうことにした、という。わたしもさる新聞の連載記事のおり、このことを書いたが、新聞的にもあまり珍奇なので、裏のとりようがないことから、この文章はボツになった。むりもなかった。

なにしろ、「わたしは死んだのだが、生き返ったのである」という。

死ねば「無」でなにもない。地獄も極楽もない。真っ黒で何も見えない。見ようともしない。

死ぬ途中で、来し方の思い出が明滅するのを見るという話もあるが、それもない。わたし（河合）はどちらかといえば仏教徒であるが、信教の自由を尊ぶ方で、この経験を何かの足しにしようとも思わない。ただ経験を話しただけで、それ以外の何もない。

わたしは思うに、生き返るという珍奇なことはあるかもしれない。証明はできない。また河合さんは珍奇な話でデビューしようとするような人ではない。死んだ世界は何もない「無」だ、ということを信じる。

この話をどうみられるか、読んだ人の自由である。

日高さんの本は、やさしくておもしろい。が、紙数が尽きたのであとは本を読んでいただくほかない。

私にはただ非常な不名誉だけが残されたのであります

コロンブス『全航海の報告』林屋永吉訳
堀田善衛『スペインの沈黙』
ラス・カサス『インディアスの破壊についての簡潔な報告』染田秀藤訳

大地の発見の代償

一四九二年八月三日、コロンブスの船はパロスを出帆した。

わたしは、パロス・デ・ラ・フロンテーラまで行ってみた。大河のほとりではあるが、こんなところに、旗艦サンタ・マリア、附属のニーニャ、ピンタの三艘もの船の泊まる港があったのかと思った。

どのように行ったか忘れたが、格別の案内書もなかったのに、わたしはあまり探さないで、この記念碑の前に立つことができた。期待していたとおり「1492」の碑を見たときはうれしかった。

インターネットで見ると、このあたりの風景は整備され、わたしが最初に見た時より、碑も新しく、豪華なものになっている。

第一次航海は、主としてエスパニョーラ島の発見であったが、のちのアメリカ大陸の発見はとりもなおさず、西に向かっていけば東回りよりも早く、たとえばジパングに到達することができると、信じたコロンブスの知見であった。

世界は、この発見に驚喜し、コロンブスは偉大な探検家とあがめられた。

しかし、この航海にはどのくらいか測れないほどのお金がかかった。ジェノバ出身のイタリア人コロンブスはスペインのイザベラ女王と掛け合って、過分の条件を応諾させて、航海に出ている。

コロンブスは大地の発見の代償として、そこでの諸産物の利益の一〇分の一を、コロンブスのものにすること、身分、地位も新天地の責任者にすることなどのとりきめを、イザベラ女王とむすんだということである。この交渉はしたたかでコロンブスは一歩もゆずらなかったといわれている。

しかし、コロンブスをよくいわない立場の人からは、彼は奴隷商人であり、布教というより奴隷を集めることが目的で、エスパニョーラ島の発見のあとのことは、やはりラス・カサスの目から見ると、残忍な征服者であった。

そのむかし、アフリカで人類が生まれたとして、西と東に分かれて進み、計り知れない時間のたつ中で互いに成長してきた人類がぱったりあったのである。はじめ先住民から見たコロンブスたちは、天から遣わされた神の子のように思われたらしい。「あつまれ、天からきた人々がいる、みんな見にこい」と叫んだというが。

一回目の航海のおり、部下を島に残してきたが、二回目の航海に行ってみたとき、何を間違えたか、天から来た人々はみんな殺されていた。それだけではない。コロンブスの航路が示されたために競争相手が出てきたこともあり、コロンブスの初めの期待は決しておもったとおりではなかった。

(若かったわたしも)白髪のみの頭となって、身体は病みかつ衰えております。私がこの間に残したものは、私のものも、兄弟のものも、はては私の外套までもすべて、私に何も言いもしなければ見せもしないで取り上げられ、売り払われてしまって、私にはただ非常な不名誉だけが残されたのであります。……(後略)

インディアス、ハマイカ島において。
一五〇三年七月七日

この手紙が、イザベル女王におくった最後の報告となった。

スペインの沈黙

堀田善衛の『スペインの沈黙』という本の中の記述に、次のような箇所がある。

ローマ時代の古都メリダの東三〇キロほどのところにあるメデリンという寒村は、かつてメキシコの征服者であるエルナン・コルテスを生んだところであった。

（中略）

この村から北へ六〇キロほど行ったところに、トルヒーリョという町がある。この町の広場にも一基の銅像がある。ペルーの征服者、フランシスコ・ピサロのそれである。

わたしはこのメデリンに行った。そこにはインディオを踏みつけた形のコルテスの像がたっていた。トルヒーリョの町にもピサロの像があったがそれは、騎馬像で、飾りをつけた兜をかぶった勇壮なポーズだった。

『インディアスの破壊についての簡潔な報告』の著者ラス・カサスはマドリードの北、約一五〇キロのところにある、バリヤドリードという古都のグレゴリオ修道院にいた。この教会は正面の華麗な彫刻でうめつくされていた。

一五五〇年、国王カルロス五世は、ラス・カサスの告発を容れて、新世界のあらゆる征服に関し、正しい方法が決定するまで停止せよという命令を出した。神学者や顧問官はバリヤドリードに集まって正しい方法とは何かを決定する会議をひらく。(『スペインの土』安野光雅著、朝日新聞社)

この告発を受けた人たちは、コロンブスの後にエスパニョーラ島などにわたり、暴虐の限りをつくした征服者たちである。わたしがその暴虐について書けるのは、スペイン人の伝道者ラス・カサスがそれを告発したからである。

『インディアスの破壊についての簡潔な報告』は知っている人が多いが、この本を読んだという人はまだ少ない。いまのところ文庫でいつでも手に入る。次にかかげるのは、その、ほんの一部分の要約。

エスパニョーラ島にチョルーラという都市があった。(将来の平和のための会議だといって)この町で最大の権力を持った実力者、貴人たちを集め、その上荷担ぎ人足のためだといって五〇〇〇人ばかりも人を集め、これを中庭に閉じこめ、周囲はスペイン人の武装した軍隊が取り囲んだ。粗末な食べ物を入れた袋を肩に担ぎ、裸同然でやってきた、羊のようにおとなしい人足たちだった。

キリスト教徒のスペイン人は、これらの人々を、火あぶりそのほか、ありとあらゆる方法で虐殺した。理由はスペイン国王への絶対的な服従を強いるため、そして金のためであった。

一五二四年からおよそ一〇年間のことである。

原住民のインディオは、穴をほり尖った木をうえこんで罠をつくった。スペインの馬がその罠にかかったのは一、二頭で、スペイン人は逆に、その罠の穴を、捕えてきた老若男女、妊婦などの区別なく、インディオで埋めた。

あるときは、同士討ちをさせた。その一方は飢え、一方は満腹のものを戦わせ、結果として人肉を食べさせるように仕向けた。

忘れられないのは、向こうから赤ん坊を抱いてくる女のひとからそれを取り上げ、天高く放り上げて、それを槍で受けたという話だ。

これらのことは、わたしの創作ではない。スペイン人たちと同時にかの地に派遣された伝道師のラス・カサスからの、スペイン国王への報告によるものである（一五四二年ころのこと）。

カルロス一世は早急にインディアスの問題を検討する特別審議会をひらき、法律の改定などインディアスの問題は多少改善されることになったが、まだラス・カサスの期待通りではなく、インディアスにいたスペイン人たちの激しい憎悪を買うばかりだった。

何をどう間違えたか、ラス・カサスは、インディアス在住のスペイン人たちから、その存在価値と生活基盤を否定する許しがたい人物として、批判、攻撃の的となった。そのうえスペイン人たちには国王にも反旗をむける姿勢がうかがえた。

しかしラス・カサスは「征服戦争はすべて不正である」といいきり、「スペイン人の植民者は懺悔をするまえに、彼らに損害賠償の義務を履行しなければならぬ」と固く主張し、それは「キリスト教徒のなすべきことではない」といった。

ラス・カサスは終生、この正義の運動に命をささげた。

『インディアスの破壊についての簡潔な報告』の訳者、染田秀藤の作った年表によれば、

一五六六年

新ローマ教皇ピウス五世に書簡を送り、インディオを野蛮で、キリスト教を受け入れる能力に欠けると主張する人々を破門に処すよう求める。七月一八日、帰天。

とある。

あまりにすさまじい記述であるため、書いていてなんども溜息をついた。ぜひ読んでいただきたい。

そんな長いものが読めるか、というひともあろうが

アレクサンドル・デュマ『モンテ・クリスト伯』山内義雄訳

わたしが、一度も岩波文庫を読んだことのないという人にすすめている本は、『モンテ・クリスト伯』である。日本では「巌窟王」という名でしられている。

元は新聞小説で、毎回ちいさな山場が来る。新聞はこの小説のために売上が倍増したといわれている。復讐のものがたりだが、何度読んでも胸のすく復讐である。

エドモン・ダンテスにはカタロニアうまれのメルセデスという許婚《いいなずけ》があった。

ダンテスは船長志望で、メルセデスはダンテスの妻になること以外に希望はなかった。

ダンテスは（船乗り当時の）船長の遺言で、ナポレオンが幽閉されていたエルバ島へ立ち寄る用事があった。

後にダンテスが船長になったとき、会計士だったダングラールはダンテスの出世をねたみ、

（メルセデスに横恋慕している）フェルナンがそそのかして、「ダンテスがエルバ島に立ち寄ったのは、フランス本土にいるナポレオン支持者にあてた密書をうけとるためだ」と訴える。もちろん陰謀である。

そのため、たまたまダンテスの婚約の披露パーティの最中にダンテスは逮捕される。松の廊下とか、喧嘩両成敗などというものではない。

ダンテスを取り調べたのは検事代理のヴィルフォールだった。ダンテスは「船長の遺言に従っただけで、預かった手紙もベルトラン大元帥の私的なものだ」と弁明し、託された手紙を見せるが、巧みにすりかえられていて、手紙の内容はナポレオン軍の再上陸に備えるように指示する密書だった。

ダンテスは政治犯を収容するシャトー・ディフの独房に監禁される。

ダンテスは、抜け穴を掘っているうちに隣の独房にいた神父さんに出会う。ファリア神父は博覧強記の人物で何でも知っていて知恵の限りをダンテスに伝えるが、やがて死に、ダンテスはそのファリア神父の遺体に成り代わって脱獄する。

（この巧妙な脱獄手段はいろいろと模倣され、映画の場合に多用されている。）

ファリア神父がモンテ・クリスト島に隠した財宝によって、一躍大富豪になったダンテスはおもむろに復讐の手はずをととのえる。

ここまでもおもしろいが、これから先も口では言えないほどおもしろい。

ローマの北西にオルベッテーロという小港があり、その港とコルシカ島との間に、問題のモンテ・クリスト島が実在する。これは小説の後で名付けられたのだと思う。

長編で、全七冊である。そんな長いものが読めるか、というひともあろうが、読みおえたときは、達成感というより、むしろ脱力感のほうがおおきく、もっともっと先をつづけてほしいと思うほどである。

ナポレオンの歴史から見ると、一八〇〇年に話題のアルプスを越え、一八〇四年に帝位についたが、つかの間のしあわせの期間はすぎ、南大西洋の孤島セントヘレナ島に幽閉される。

この物語はそんな背景をもったもので、ほかにも一七九二年のフランス革命前後の小説はいろいろある。バロネス・オルツィの『紅はこべ』、スタンダールの『パルムの僧院』などもそうである。

有名な『椿姫』を書いたのは、『モンテ・クリスト伯』を書いたアレクサンドル・デュマの息子にあたるアレクサンドル・デュマ・フィスである。

世論というものは、つかみどころもなく抵抗する方法もわからない

大佛次郎『ドレフュス事件』

いわゆる普仏戦争（一八七〇～七一）でプロイセン王国（ドイツ諸邦を含む）に敗れたフランスは賠償金の支払いや、その後の国内経済の不振で苦しむことになった。当然、ドイツに対する報復を煽る軍部や保守勢力もあった。そういうなかで起きた事件である。

一八九四年の夏、フランスの陸軍情報部で、ある密書が大問題になった。しかもそれは、パリのドイツ大使館から盗まれたもので、この密書によって、フランスの情報をドイツに売ろうとしているスパイのいることが明らかになってきた。

たいした証拠もないのに、犯人は平凡な砲兵大尉アルフレッド・ドレフュスであることになった。ヒトラー時代に問題になったように、犯人をユダヤ人にしてしまえば、他に犠牲者をだす必要はなかった。全く安易な決着であった。信仰に近いユダヤ人の排斥運動はわれわれの経験しない世界らしい。

証拠不十分であることから、ドレフュス逮捕の公表もすぐにはなされなかった。それが、フランス政府は事件の発覚を極秘にしている、といううわさとなり、世論を爆発させるために仕組んだものかとおもわれたのである。問題は軍の内部だけでなく、国家的に発展した。この間に反ユダヤ系の新聞など、メディアの果たした役割は大きい。『ヴェニスの商人』を思い出すが、ここでも金融界を牛耳るユダヤ人は憎悪の対象となっていた。

デュ・パチイ少佐という取締官が、ドレフュスに反逆罪を宣言した。

ドレフュスへあてた妻リュシイからの手紙がある。要約する。

「あなたさまが男らしかったと承《うけたまわ》って、このあともそうお頼み申上げます。お可哀そうな生贄《いけにえ》におなり遊ばしたので御座います。どうぞ、このお苦しみにも、お耐えくださいますように。私どもは命も財産も投げ出して、真実の犯人を探し出すように致します。

（中略）

……その中《うち》には正しい者が正しいとせられ、もう一度私どもは倖せになりましょう。子供たちもお父さまをお偉い方だと思うで御座いましょう。……私には、あなた様を除いて、ほかにいいお手本があろうとは思われませぬ。

（中略）

……リュシイはどこまでもお供いたします。……私はきっとお側にまいります。

……二人の子供のため、私のため、どうぞ、生きていてくださいますように。

リュシイ」

デュ・パチイ少佐は、ドレフュスに自白をうながし、減刑の道もあるといったが、知りませんと答えるほかない。もし、「君がほんとうに覚えのないことだったら……君ぐらい不幸な人はないだろう」とデュ・パチイ少佐は言った。

翌一八九五年の一月五日に、裁判所からドレフュスと護送の兵士がでてきた。この一団はダラス将軍の前二十歩のところで止まった。将軍が口をうごかしたのは一種の宣告だった。

憲兵たちはドレフュスにおそいかかり、服の飾り紐とボタンをちぎりとった。軍帽の徽章も連隊名もはぎとられ、最後に憲兵の一人がドレフュスの帯剣をぬきとり、膝に当ててへし折った。わたしが大切にしていた文庫本（大佛次郎ノンフィクション文庫7、朝日新聞社）の表紙は、この場面が絵に描かれていた。

ドレフュスは、次々と拘束されている場所を移され、最終的には悪魔島リイル・デュ・ディアブルまで行かされた。そこはドレフュスのために新しく建てられた監禁場所だった。

フランスではどうだったか。

ドイツ大使館から盗み出してきた反故《ほご》の中から、大使館のシュワルツコッペン中佐の手紙がでてきた。それは驚くなかれ、フランス軍隊のエステラージー少佐宛てのものである。筆跡も間違いなかった。ドレフュス以外にまだスパイが放たれていたのか。

いまになって詳しく調べると、さきにドレフュスの筆になるものと思われていたものがエステラージーのものだったことがしられた。売国奴はドレフュスではなく、エステラージーだった。しかし、ゴンス将軍は「このことと、ドレフュスの件と混同してはならぬ。」と言ってピカール中佐を驚かした。

……それはドレフュスの罪がたとえ無罪のものだったとしても、軍の尊厳のためにその程度の犠牲は已むを得ないものと考えているのである。

「軍の尊厳」のためにドレフュスの一件は葬られるところだった。

しかし、確実な形でこのことを知ったピカール中佐は、正しいことのために動いた。ルブロア弁護士も、この正しいことのために、アルザス出身の政治家のシュウレ・ケストネエとも相談した。みんな動いた。

しかしもはや敵はいつの間にか反ユダヤとして醸成された世論となっていた。世論というものは、つかみどころもなく抵抗する方法もわからないものである。

このとき、ドレフュス事件を語るときに欠くことのできない作家のエミール・ゾラが出てくる。

（真犯人は、いまだに泳がされている）

エステラージーの言いぐさが奮っていた。

「裁判なんか無用だ、真に伝統のある国では、ゾラのような悪党は、とっくに牢へ投げ込まれているだろう。」

このとき新聞（一八九八年一月一三日付）によせたゾラの論文「余は弾劾する！」は、堂々としていて、反論の余地のないものであった。では、これでいっさいが解決したか？　事実はそううまくはゆかなかった。話はこれからである。

事実というものを、おもしろいといってはいけないが、これは小説ではない。あまりにも劇的な大事件である。ユダヤの文化を体験していない人間のいうことではないが、ユダヤの団体がどのような反応を示しているのか知りたい。

事実は複雑である。ぜひ読んでもらいたい本である。

さらばよし・人はいざしらず

アルバート・E・カーン編『パブロ・カザルス　喜びと悲しみ』吉田秀和・郷司敬吾訳

「鳥の歌」

パブロ・カザルスは一九七一年十月二十四日（国連の日）に、ニューヨーク国連本部での演奏会で彼の故郷につたわるカタロニアの「鳥の歌」の曲を演奏した。

わたしは、めったにきかず、この名盤を宝物として大切にしてきたのに、時代が変わり、つまりレコードはいっせいにCDにかわって、一枚一五〇〇円で集めたレコードは八〇円になってしまった。再生装置が故障して、重いものを売りに行く元気もなくて、ゴミに出した。

もっとも国連本部での演奏はのちにCDになった。演奏会で、その当時九十五歳になったカザルスは言った。

私は公共の場で長年チェロを演奏していません、しかし私は演奏する時が来ていることを感じています。私は、カタロニアの民謡から一つのメロディを演奏しようと思います。それは「鳥の歌」といいます。カタロニアの鳥は歌います。彼らが歌うのはPeace, Peace, Peace。そして、それはバッハ、ベートーベンそして全ての先人が、愛したメロディーになります。それは、わたしの民族の魂の中から生まれたのです。

パブロ・カザルスはチェロ演奏でしずかにこの理想を語った。故郷・祖国を離れ、プラードにいき、あるいは国連の演奏会で人々に自分の願いをつたえた。

パブロ・カザルス

パブロ・カザルス（一八七六〜一九七三）は、二〇世紀のチェロの近代的奏法を確立したチェロ演奏家、指揮者、作曲家である。スペインのフランコ政権に反対して、国境をこえ、フランスのカタロニア語圏プラードに移り、そこを拠点にして、音楽を通じて戦争反対を唱えた。

ヨハン・セバスティアン・バッハの『無伴奏チェロ組曲』のＬＰレコードには、チェロの全ての音楽的な要素が含まれており、チェリストを志す人が必ず聴く名盤である。これは、わたしは今でも持っている。再生装置は無関係である。ただしわたしはチェロ奏者になるつもりはない。

私の記憶の糸をたぐっていくと海に行き着く。私がほんの幼児だったときに、もう海を見つけていたと言ってもよい。あのときの海は、私が生まれたベンドレルの町の近くのカタロニアの海岸沿いの地中海だった。母は、私が一歳未満のとき、サンサルバドルという名の近くの海辺の村に私を連れていきだした。私に海の空気を吸わせるためだったと後になって母は話してくれた。

サンサルバドルの建物はのちに彼の別荘になった。私はテレビ番組の取材で、いまは博物館になっているこの建物に行った。

そこでカザルスのお母さんの写真を見せてもらえないかといったら、「あれはイギリスのさるテレビ局がもっていったのが、一枚しかない、それが、いまどうなっているかわからない」という。

のんきというか、イギリスもスペインもおおざっぱなのである。一計を案じて、本の中に残るカザルスのお母さんの絵を、大きく映し出してわたしが描いてその博物館に置いてきた。まったくおおざっぱだから、いま行って見てもあるかどうかわかったものではない。

このお母さんはプエルトリコのマヤグエスで生まれたという。わたしはプエルトリコまで行き、そこで生まれてはじめてカジノへ行った。テレビ局のほかの者も行ったが、全員が全部すった。わたしは一万円くらいもうけた。

余談だが、今日本でカジノを認可するかどうかという、とんでもない議事が進行している。認可したりしたら、いまにカジノ依存症の人間が大勢うまれて、日本は退廃の一途をたどることになりはすまいか。今でさえパチンコ依存症者が、朝からパチンコ店に並んでいるくらいである。カジノはどこの国でもその開設には至極、慎重である。アメリカでもインディアン（先住民）の村の町おこしにといわれたときにだけ、耳を傾ける程度だ。

スペインの内戦

一九三一年という年が私にとって母の死の哀しみを抱く年であったとするなら、私はまた、この年を誕生の年と見なしている。スペイン共和国が誕生したのはまさに同年の春だったから。

一九三一年のスペイン革命で、スペインでは王制から共和制へ移行したのである。

カザルスは、共和国生誕を記念して、共和国の宣言を祝う式典でベートーベンの第九交響曲を指揮した。この音楽会はバルセロナのモンジュイック宮殿で開かれ、新カタロニア政府の大統領、フランセスク・マシアが第九の終楽章の崇高なコラールとともに、共和国の誕生を宣言した。

共和国の誕生は宣言したが、ときのヒトラーのドイツも、ムソリーニのイタリアも、しいて言えば時の日本でさえこの共和国の誕生をよろこばなかった。

一九三六年、共和国に軍事クーデターが起き、一九三九年までスペインは共和国軍とフランコ

の反乱軍が争う内戦状態が続くことになる。ジョージ・オーウェルの『カタロニア讃歌』、ヘミングウェイの『誰がために鐘は鳴る』はともに、このスペインの内戦に取材したものである。

一九三七年の「グアダラハラの戦い」はオーウェルの本に出てくる。

敗色の濃い共和国のカタロニア側からみて、ただ一度だけ勝ったのはグアダラハラの会戦だった。イタリアから来た義勇軍が、フランコ軍の側に立ったムソリーニの兵を破ったのである。共和国側を助けるイタリア軍はいない、とムソリーニは言いつづけてきたのに、ムソリーニは捕らわれたイタリア兵をみせつけられた。わたしは、河が、深く土地を掘り下げたこの戦場へいってみた。

カタロニアの兵士も市民も、男も女もみなピレネーを越えてフランス（領、カタロニア）のプラードをめざした。五〇万人以上がカタロニアを捨てて亡命した。

わたしはプラードにも行ってみた。その日の夕刻、体にスペインの旗と、フランスの旗を巻いた数人を先頭に、一団が行進し、それに拍手をおくる人たちを見た。たまたまフランスの革命記念日だった。

スペインの内戦は一九三九年四月一日、反乱軍の勝利で終結し、フランコによる独裁政権が誕生する。カザルスはスペインを去り、ピレネー山脈の山村プラードに住み、スペインからの亡命者の救済に尽くし、いっさいの演奏活動を断った。

「ゲルニカ」

有名なピカソの「ゲルニカ」はこのスペイン内戦のおり、参戦していないと言い張るドイツ空軍による都市ゲルニカへの無差別爆撃を画いたものである。

ドイツ軍が南仏にも進駐してきた、そんなある日、ドイツ軍の将校が三人、突然、プラードのカザルスの家のドアをたたいた。カザルスは覚悟をきめた。しかし、ドイツの将校のいうことは意外だった。

彼らは言った。「敬意を表しに伺ったのであります。私たちは大の音楽ファンです。先生のことや先生の音楽会のことは両親から聞いて知っています。私たちは先生が生活にお困りでないか、必要なものがみんなあるかを知りたいのです。たぶん石炭はもっと配給させます、食糧もたぶん」

（中略）

そうこうしている中に、思いもよらぬ事件が起こった。それは、ときに人々の運命を決定するような予測不可能な事件だった。退役の陸軍軍人であったペルピニアン市の市長は、この地域全体を治めている司令官のドイツ将軍に面会に出かけていった。市長は将軍に、プラードの襲撃（ゲリラ隊がゲシュタポ本部を襲撃した）の責任は自分がとりたい旨を述べ、自分の身柄を引き渡すために赴いたと告げた。将軍はあきらかに、市長のこの行動に心打たれたのだろう、驚いたことに市長は拘留されずに帰された。

やがて、ドイツは降伏し、戦争はおわった。広島に原子爆弾が落とされたのもこのころである。日米の戦争もおわった。しかし、スペインではフランコ政権がその後も続き、カザルスが再び故郷の地を訪れることはなかったし、フランコ政権を承認する国での演奏活動は拒否した。

晩年の守護天使

カザルスの言うには、プエルトリコからマルティータという娘さんが、いわば弟子入りしてきた。

一九五五年の夏の終わりに、マルティータは私のもとで勉強しだしてから一年以上たっていたが、私（カザルス）はツェルマットで行うマスター・コースのため出発の準備をしていた。……私は彼女に言った。

「君、君はプラードで一人ぽっちになるんだね。ぼくだってツェルマットで淋しくなるよ。君がいないなんて考えられないな」。彼女も、私たちが離ればなれになることは耐えられないと言った。彼女はツェルマットに同行して、私がクラスで行った講義のノートをとってくれた。あのとき初めて彼女を愛していることに私は気付いたのだ……。

その後、私たちは結婚について語った。彼女に言った。「このことは十分慎重に考えてくれたまえ。僕は老人、君の一生をだめにしてしまうようなことは、これっぽっちもしたくない。でも、ぼくは君を愛している。それに君が必要でもある。君も同じように考えるなら、結婚をしてくれないだろうか」。彼女は、私のいない生活は考えられないと言った。

驚くべきこのプロポーズはカザルスが八十歳、マルティータが二十歳の時のことだった。そしてこの六十歳の年齢差だが、

マルティータと私で母の誕生したプエルトリコのマヤグエスへいった。ここで驚くべき事実を発見した。私の母は一八五六年に生まれたが、母が生まれたその同じ家に、六十年後、マルティータの母が生まれた。両方の母が生まれた日が同じで十一月十三日だった。これが

単なる偶然の一致ということですまされようか。

その後カザルスが九十六歳でなくなるまで、彼女は守護天使となって彼を介護した。驚くべきといったのはその年齢の差である。

何の関係もないわたしの言うことではない。誰と結婚しても自由である。しかし一般論だが、先生が生徒の中から結婚の相手を選ぶのはフェアではない。それはあまりにも選択肢がおおいから、教師でない人に比べて公平でないといっているだけである。

しかし鶴見俊輔さんにいわせると、時代も場所も違うのに、カザルスが誰と結婚しようと全く関係はないではないか。そういうのを法界悋気《ほうかいりんき》というのだ、といわれた。わたしはあわてて辞書をひいてみた。「まったく関係のない人にたいして妬きもちを妬くこと」と出ていた。

わたしは個人的にねたむのではない、もと教師であった人間として節をまもりたい、といっているのだと抗弁したが、一〇〇人のうち一〇〇人までがわたしの説はいわれなき妬きもちだと断定した。

〈さらばよし・人はいざしらず〉。わたしが八十歳の時に二十歳の人から言い寄られたとしても（カザルスの場合、言い寄ったのは男性のほうであるが）、わたしはかならず断って見せる、といっておいたのに、八十歳はすぎても、あわれだれひとり意思表示してくるものはなかった。

気のせいかレフカダ島の沖は宍道湖にそっくり

小泉八雲『耳なし芳一』

アイルランドへ行ったことがあり、ダブリンでは彼のゆかりのタウンハウスホテルに泊まった。入口のそばの部屋に彼の遺品がならべてある。もっともそこが、彼の生家という意味ではない。ダブリンは彼が幼少年時代を過したところである。

また、NHK松江放送局の仕事で、彼の生地であるギリシャの、彼が生まれたころはイギリス領であったレフカダ島（一八六四年にギリシャに編入）に行った。その時は、ギリシャは国家的経済破綻だと喧伝されていたから、一時はどうなることかと思ったが、町の人は広場に出て飲み食い踊り、いつもと少しも違わないので安心した。

レフカダ島の沖は宍道湖にそっくりだときいて、そんなことはあるまいと思っていたが、宍道湖唯一の島である嫁ヶ島と同じような島もあって、気のせいかそっくりなのである。

彼はこの土地で、イギリス軍医であったアイルランド人のチャールス・ブッシュ・ハーンと、レフカダ島のちかくのキティラ島に生まれた裕福なギリシャ人名士の娘である母ローザ・カシマティのもとに出まれた。

そんなことがあって、「レフカダ」から「ラフカディオ」という名前が付いたらしい。そして生まれた子ラフカディオ・ハーンは一八六九年（明治二年）にアメリカに渡り、得意のフランス語を活かしてジャーナリストになった。一八九〇年、アメリカ合衆国の出版社の通信員として来日。日本で英語教師として教鞭を執るようになり、翌年、日本人と結婚した。

松江・熊本をてはじめに、あちこちと移り住んだ。

ハーンの生涯をドラマ化したNHKテレビ『日本の面影』（一九八四年放送）で奥さんの役は檀ふみで過分の美人だったが、このことは本編とは関係ない。

レフカダ島へ行ったとき、彼の親戚や知人を回って探したが、ついに彼のお母さんの写真はなかった。しかし一計をあんじて、まずハーンを描き、そのひげや髪の形を消して、男を女にした。これが一番本人に似ているというほかない絵姿をこしらえた。

帰国後、それをハーンの曾孫の凡さん（民俗学者）がほしがるので、若き日のおばあちゃんということにして贈呈した。

彼が松江時代にいた住居は、一九四〇年（昭和十五年）に国の史跡に指定されている。

下関の壇ノ浦に面した赤間神宮には、耳なし芳一の像がある。壇ノ浦に最期を遂げた安徳天皇をはじめ、数々の鎧武者たちは近くの野辺に埋められているらしい。
鎧武者たちは、夜になると、若さに似合わず、琵琶歌の巧みな法師（芳一）をよび、得意とする壇ノ浦つまり平家最期の状況が琵琶の曲に再現されているのをきき、涙を流し、次の夜も次の夜も、芳一をどことも知れぬ野の果てまでつれていく。
そのおそれにたえられなくなった芳一が、和尚さんに白状したことで、和尚は体中に経文を描き、暗がりでは鎧武者の目に見えぬようにしてくれるのだが、うっかり耳にだけ書くのを忘れて、鎧武者には耳が見える。そこで耳だけきりとって去った。
これは小泉八雲の代表的な作品である。

カツラがうまく作れても、誰が買うものか

芥川龍之介『羅生門』『藪の中』

白黒映画で、土砂降りの雨である。一人の男が古い駅へむかって走りこむ。門ではない。そこには牧師らしい先客がいる。この西部劇はどこかで観たようだな、と思っていると、どうもそれは黒澤明監督の映画『羅生門』（大映、一九五〇年）を下敷きにしたものであるらしいとすぐにわかって、観るのをやめたくなった。

小説『羅生門』の舞台は、『方丈記』が描くように、おぞましい飢餓状態の都である。鳥やカラスがよってきて、何らかの獲物にありつこうとしている。

その年も、地震に辻風、火事、大飢饉、兵乱と災難が続いて、人々は這って歩くほどに疲弊していた。平安京の正門の羅生門では、亡者にしかみえない老婆が、死人の髪の毛を抜いている。みとがめた下人が、なぜ死人の髪の毛を抜くのかと、問いつめる。

老婆はこれで鬘《かつら》ができないかと思う、と言う。つまり鬘屋に持って行けば、何程かの金になりはすまいかと思ってのことだ。

考えてみるがいい、鬘屋がその一本一本を埋めて鬘をつくるだろうか。といっても他に髪はない。第一そんな世界なのにカツラがうまく作れても、誰が買うだろう。

『羅生門』はそんなおそろしい小説なのだが、映画『羅生門』を見たものは、中には（誤解して）『藪の中』ととりちがえて、「わしが殺した」と言い張るものが出てくる。『藪の中』も、若狭の国府の侍を殺した真犯人はおれ（盗人）だ、わたし（侍の妻）が殺したのだ、侍の死霊が自分で、というわけだから、なかなかおもしろい話になっている。

翻案した西部劇も白黒の画面の美しさを意識し、『藪の中』とおなじように進行している。じつは黒澤明が『藪の中』の内容で作った映画に『羅生門』という題名をつけたのである。『藪の中』という題名では観客に訴えるものがないと思ったのかもしれない。

現在の京都の東寺の近くに「羅城門跡」と碑のたっているところがある。もちろん門の姿などはなく、子どものすべり台などのある遊び場になっていた。

映画で見る羅生門は半分壊れていてよくわからないが、昔の新しいときは、まだあの二倍くらいある見事なものだったと想像している。

『藪の中』については、おおむね映画のとおりで、本でも読める。

ふしぎに『平家物語』を読んだ気になってしまう

井伏鱒二『さざなみ軍記』

この本は、平家某の一人の少年が書き残した逃亡記である。ときは寿永二年（一一八三）七月のこと、平家の一門は兵乱に追われて都をあとにした。いまその逃亡記を現代語に書き直して読みやすくしてみた、という意味のことが書いてある。

井伏鱒二の中では異色の物語だが、わたしは以前、『繪本平家物語』（講談社）を書いたとき、この作品があることを知って読んだ。

『さざなみ軍記』とはほんとによくつけた題名で、『平家物語』とあまり矛盾しないし、『平家物語』を手短に書いた別物だが、ふしぎに『平家物語』を読んだ気になってしまうところがある。

平家からみて、西を平定しようとした軍はようやく引き上げてきたが、北国鎮定にむかった軍勢もことごとく敗亡した。死傷者の数は八千余だという。

その上、木曽の軍勢が攻め上って都を窺っていた。帝都の家々は門をとざし、戸をたて、供養の鉦をならして逼塞していた。戦死のために寡婦となった人の念仏はひときわ哀れだったという。木曽軍の一部はすでに京に入り、門をたたいて出てこいと迫るものがあった。平氏の中からは三郎次が応答し勇んで出ていった。

『さざなみ軍記』はそんな時も、武将のいでたちを飾って言う。

……沃懸地《いかけじ》の鞍を置いてそれにまたがり、彼の褐色の直垂《ひたたれ》には黄色の糸で、岩の模様と白色の糸で群千鳥《むらちどり》の模様とがぬいとりしてあった。そして彼は紫すそごの鎧をきて、鍬がた打ったる兜をかぶり、黄金づくりの太刀を帯びていた。

三郎次は、「我と思わんものは目にも見よ、我こそは平家で有名な平中納言三位知盛といって一騎当千のつわものなるぞ」と知盛になりかわって名乗った。

三郎次は、この時討たれて命をうしなう。

都会人ぶりたい木曽の兵は六波羅流に扇を使っていたが、この本に出てくる少年の主従たちが笑ったので、木曽の兵が車から飛び降りてきて斬りつけた。少年側の兵がその男の腕を切り落とした。

七月二十七日のこと、雑兵《ぞうひょう》の中の数人が脱走したという。負けそうになったら脱走兵もでるだろう。

余談になるがわたしが軍隊にいた時も、八月十五日の終戦の日のあと、船で鷲羽山（岡山県倉敷市）へ向かったあと、脱走した男がいた。勇気があるなあとおもった。誰も咎める者はなかった。何しろ軍隊はすでに解散していたのである。まだ逃げられないでいるのは、戦争中の上官に対する恐怖統治のおかげだった。

都の物価は高騰していた、食料品も少なくなっていた。脱走兵も雑兵だけではなかった。船を操る水夫も船から逃げたらしく、船に乗っていたものは動くことができなかった。

平家の兵たちは、室の津に上陸した。薄化粧して町へくりだした。人々は歓迎の意味でひざまづいてむかえてくれた。もし反抗したら家々に火をかけるつもりだった。

一軒の民家の庭に梨の木があり、その木の下に一人の少女がたっているのをみた。中心人物が少年ということもあって、当然のように少年と一時の恋が始まる。しかしそれが主題ではない。

話は一の谷の合戦となり、平氏は船で屋島に敗走するあたりまで続くが、壇ノ浦の最後はない。普通の本では壇ノ浦をすぎ、平家と名のつく者は残らずしらべられて殺される。

その『平家物語』は古文の中でも美しいものの一つで、読んでみてもらいたいが、いまはさしあたり、『さざなみ軍記』をおすすめしたい。

さすが井伏鱒二で、異色のものがたりである。

以下は、井伏鱒二が「男女ノ川」について書いた文章と、わたしの「尻馬」である。

「男女ノ川」

男女ノ川《みなのがわ》が、私の家のちかくにすんでいる。すなわち、ともに府中三鷹市下連雀の住人なのである。わたしは角力に関しては少しも知るところがないのだけれど、それでも横綱、男女ノ川に就いては時折人から噂をきくのである。つまり、大男の自分を憎悪しているのである。そうして自分の実際の身長よりも二寸くらい低く言うそうである。必ずや神経のデリケエトな人にちがいない。自転車に乗って三鷹の駅前の酒屋へ用があってやってきて、酒屋のおばさんに叱られてまごついていることもある。やはり、自転車に乗って三鷹郵便局にやってきて、窓口を間違ったなどして、顔から汗をだらだら流し、にこりともせずただ狼狽しているのである。

私はそんな男女ノ川のすがたをながめ、ああ、えらいやつだといつも思う。よっぽどできた人だ、必ずや誠実な男だ。

（中略）

われは、横綱らしく強いところをみせようとして、左の腕を大きくぶるんとふって、相手を片手で投げ飛ばそうとしたが、われの腕はむなしく相手の頭の上を通過し、われは、わが力によろめき自ら腰がくだけて敗れたのである。

（中略）

ある種の作家は、本気に書くつもりの小説を前もって広告することをさけたがるものである。……私も、どうやらそれにちかい。

尻馬＊男女ノ川といっても今は知らない人がおおいだろう。でもすこしあとの双葉山ならしっているかもしれない。玉錦という横綱もいた。双葉山は天下無敵の横綱だった。

わたしも三鷹で教員をやっていたから、男女ノ川が自転車で来るのを見たことがある。両足が長いものだから横にはみ出すようにして漕がなければならなかった。その形は自転車が小さく見えてゆかいだった。

それだけではない。男女ノ川が、我が家に泊まったことがあるのである。

我が家は津和野で宿屋をしていたから、興行の時に泊まったのである。敷布団が短くて、女中さんたちはきゃあきゃあいいながら敷布団をつぎたした。ところが、男女ノ川は体長が長いことをとても気にしていたのだという。

後に、まんざら角力がきらいではなかった父の本箱から、太刀をもってポーズをした男女ノ川のブロマイドが一枚出てきた。一宿一飯の仁義で、父は男女ノ川のファンになっていたのだろう。そのときすでに横綱だったかどうか知らないが、聞きしにまさる大男が写っていた。
＊男女ノ川登三は第三十四代横綱。明治三十六年～昭和四十六年、享年六十七。身長一九三センチ、体重一五四キロ。横綱戦歴、十二場所、八十七勝五十五敗二十二休。

無用の戦役によって民の疲弊がはなはだしい

司馬遼太郎『韓のくに紀行』

川口美貴さんに『労働法』(信山社、二〇一五年)という本がある。縁あってわたしが装丁を下命された。

普通このような堅い本は、ことさらに装丁ということには凝らないものだが、たまたま川口さんとのご縁があった。

といっても、たまたまわたしが韓国へ行き、崔さんという青年に沙也可《サイエガ》につれていってもらい、そこをスケッチして帰ったことから、「今この絵しかないけど、これでいいだろうか」といって、なんとも偶然に沙也可の風景が『労働法』の表紙におさまったのである。

表紙の文字や著者名の位置、本の背に二軒の家が来るところ、表の題字は折から紅葉した林の赤茶色の中にあるといったぐあいに、調子よく配分されたのは川口美貴さんだが、このレイアウトはわたしの仕事だと思ってもらえているのはありがたい。

話しは少し変わるが、わたしは前述の崔さんに、電車にのったとき、わたしの隣の席が空いているのだから「座ったら？」といったら、「ほかのひとから、彼は若いのに座っている、と苦情をいわれる」という。

わたしは、「韓国では人前で裸にならないというのは本当か」と聞いたら「ほんとうだ」という。父親の前で煙草をすわない、という話も本当だという。

司馬遼太郎の『韓《から》のくに紀行』を開いてみた。

司馬さんによると、「倭寇に朝鮮も中国もなやまされていたから、倭の武に懼《おそ》れ、おそれつつもその非礼ぶりを一面軽蔑し」ていたという。

沙也可は地名でもあるが、『慕夏堂記《モハダンギ》』という本に書かれている人名であり、日本人なのである。秀吉の朝鮮ノ役（壬辰ノ倭乱）の攻撃のおり、小西行長の先鋒軍に参加したが、彼は一矢も放つことをしなかった。沙也可は中華を慕っていたため、兵三千を率いて、いち早く朝鮮に投降した。

司馬さんによると、中国文化の熱烈な信奉者である藤原惺窩《せいか》は、朝鮮から捕虜として来ていた姜沆《カンハン》という高官に次のように言ったという。

英国公使館は文明開化を卑俗だとして無視している

イザベラ・バード『完訳　日本奥地紀行』金坂清則訳注

日本上陸

『完訳　日本奥地紀行』という全四冊の本が出た。すでに『新訳　日本奥地紀行』という一冊のものがあって、わたしはそれを読んでいたが、このたび新しく出た完訳も通読した。これも実におもしろい。この種の翻訳は、さぞ困難だろうと思う。じつはその文章にも酔うようにして拝読した。

以下はおもしろいところだけを選んだのではなく、この本を薦めたいと思って、無作為に選んだのである。

〈車《クルマ》〉と言われる人力車は、乳母車のような軽い車体に、油紙でできた可動式の幌がつき、ビロードか平織の布で内張りされ、座席には座布団が敷かれ、座席の下には手荷物を置くための凹みがあり、背が高くてほっそりした車輪が二つ付いている。

今は、全国一律に人力車をつかさどる会社があるのだと聞いたが、本当だろうか。わたしの子どもの頃は、医者にはかならずといっていいほど人力車があった。人力車がめずらしくはなかったが、いまは車を曳きながら、観光案内もするらしい。人力車は観光地にしかない。

……私の第一印象では、この国はよく統治されている。外国人は上陸するとすぐに、〈艀《サンパン》〉や〈車〉の料金が「規則」で決められていることや、……その他多くのことに出くわすし、言うまでもないことだが、法外な請求なども皆無なのである！

外国では車の料金は払い過ぎになる例が多い。イタリアでは紙幣をわざと勘違いして、たくさん払わせようとした。ポルトガルではうんと遠回りをされた。

「吹上御苑」に集う人々の和服を観察している。「袖」の説明では、イザベラ・バードと同時代

の英国人で、やはり日本に滞在したF・V・ディキンズさんが訳した『百人一首』から歌の紹介がある。

契りきな　かたみに袖を　しぼりつつ　末の松山　波越さじとは

この歌は、わたしの子どもの頃の十八番だった。「末の松山（多賀城駅の近くらしい）を波が越すようなことがあってもわたしの気持ちは変わりませぬ」というのだが、東北を襲った津波の日、陸前高田の松の木を波が越した。

安全な旅

……いかなる推薦状も持たない男が現れた。……顔は丸顔で非常にのっぺりしており、歯は健康そうで目はとても細長かった。そして重そうにたれた目蓋《まぶた》は日本人の一般的な特徴をこっけいに誇張したようだった。

自称模範者のこの男を月に十二円で雇うことにし、一カ月分の給料を前払いした。ヘボン医師の言うには、「二度とあの男の顔を見ることはないと思いますよ！」だったが、翌日、指示した時間きっかりにあらわれた。どうやらとても賢い。

……私の旅の初めの三日間の手筈をもうすでに整えてしまった。

名前を伊藤鶴吉という。通訳と身の回りのすべての煩雑事はこの男が代行した。以前読んだ『新訳　日本奥地紀行』はこの伊藤氏がたびたび出てきたので、よく覚えていた。それによれば、奥地の人が、外国人であるイザベラ・バードを見たがること、まったく恥ずかしいほどだが、伊藤は懸命にそのガードもしたので覚えている。

……大豆から作った味のない白い塊［豆腐］に練乳をかけただけの貧しい食事をとっていたら、何百人もの群衆が門のところに集まってきた。後ろの方にいる者は私の姿が見えないので梯子《はしご》を持ってきて隣の建物の屋根に上った。ところがその屋根の一つが大きな音をたてて崩れ落ちてしまい、五〇人ほどの男女と子供が下の部屋に落下してしまった。なにしろ、大勢の人が見たくてたまらないらしい。そういえば外国人だから珍しくてしかたがない。内国通運会社継立所の社員が、「出ていってくだされ」と頼むと、こんな見ものは二度とないから出ていくわけにはいかない。一人の老人が出てきて、かの外人は男か女か教えてくれれば帰るといった。

自虐的な意味もあるが、昔のといっても明治の頃の日本の奥地を（『英和辞典』はすでにできている）、つい昨日のように見ることができて、この本の興味はつきない。

私の恐怖心はただ一人の女性としては至極もっともなことだが、実際にはまったくの間違いだった。私はこののち、内地と蝦夷を一二〇〇マイルにわたって旅したが、まったく安全であり恐怖心とはまったく無縁だった。今私は、世界中で日本ほど女性が危険にも無礼な目にもあわず安全に旅のできる国はないと信じるものである。

わたしは、今でも世界中で日本ほど女性が危険にも無礼な目にもあわず、安全に旅のできる国はないと思っている。イタリアでは、昼間から山の道に、女性が二〇〇メートルおきにならんで

客を引いている産業? がある。ドイツにもある。これは男性にとって危ない意味が多い。

……湯元を離れる前に……私が勘定書きをほしいと言うと主人はそれをくれずに二階にかけ上がっていった。いくらにするのがよいか伊藤に相談しに行ったのである。そしてふっかけたその代金を二人で折半した。買物のたびに、また宿の支払いのたびに従者は「ピン撥《は》ねする」。

伊藤も抜け目がない。ふっかけた宿賃から主人と二人で上前を折半している。伊藤もなかなかやる。

食事

野菜はただ一つを除いてどれもこれもきわめてまずいが、その多様なことといったら際限がない。……日本人は牛蒡、薇《ぜんまい》や蕨、生姜、柳蓼《やなぎたで》、竹の子（大変おいしい）やその他種々の植物の根や茎を食べる。

竹の子は珍しくおいしいらしい。そういえば西欧では竹林をみなかった。ファーブルの植物園で日本から送られたという竹を見ただけである。山の姿が竹林の大小で変わる。日本はむしろ困っている。

枇杷はわたしはどうでもいいが、イザベラ・バードは枇杷は砂糖を入れて煮詰めてもよく、とくにその種はおいしいという。わたしは初めて聞いた。

……この過度期には多くの苦難が伴うかもしれない、否そうにちがいないし、……しかし、きちんと理解さえできているなら、今や農民は、自作農というだれもがうらやむ地位にいるのである。

そうなのか、自作農は戦後の言葉だとおもっていたが、いまやすべての農地は、実際の耕作者に付与されているという。戦後も過度期だった。町の娘が農家へ嫁に行った。それは一家の食料のためだった、が。

……上院内と下院内という二つの村で〈脚気《カッケ》〉と呼ばれ、日本人がたいへん恐れている病気がはやっており、この七カ月間に約一五〇〇人の住民のうち一〇〇人を死に至らせている。

……「膝ががくがくしたり」、ふくらはぎがけいれんしたり、脚がむくんだり麻痺したりする。

薬がなく、死に至る。日本の医師の見解では、家が狭すぎる、換気の不足が原因だという。森鷗外も、脚気の原因がわからなかったらしい。陸軍では多く、海軍に絶無であるところから麦飯を食べれば効果があることがわかった。ビタミンB欠乏が犯人ということがわかって、その後、脚気はなくなった。それにしても、他の時代に脚気というものはなかったのだろうか。

霊媒

……人が亡くなるとその遺体は枕を北にして横たえられ（日本人は生存中は絶対に枕を北にして寝ない）そばに屏風を立てる。……僧侶はすぐに死後の名前、すなわち〈戒名《カイミョウ》〉を選び［決め］、それを白木の位牌に記して亡骸のそばに座る。

「逆さ屏風」を立て、死者には左前の着物をきせる。料理は精進料理。

ただ、わたしの母が亡くなったとき、わたしはパリにいた。一夜ののちに帰り、一人で通夜をした。墓は所沢にある。わたしは墓など問題にしていない。散骨でいい。

(瞽女《ごぜ》の姿は)芝居小屋や婚礼の場や行列、また祭でよく見かける。……按摩こそは煙草と風呂に次いで多くの日本人が楽しみにしているものであり、どんなに貧しかろうともこの楽しみなしではやっていけない。

盲人はたくましく生きている。彼らが養護施設とか、慈善組合などによりかかっていないことに、バードさんは驚いている。わたしも瞽女たちがいることがはげみになる。

その日、ある村の近くで下校中の子どもたちが泣いて逃げた。なにごとかとおもったら、伊藤は猿回しで、イザベラ・バードは大きい猿だとおもったらしい。誤解もはなはだしい。

……家庭が貧しかろうとも人々は時を楽しく過ごすし、何はさておき子供というものが家庭の絆になっている。わが国の労働者階級の家庭は口論と反抗のために往々にして喧騒の場と化しているが、ここ[日本]ではそのようなことがない。

北に向かうにしたがって、宗教の信仰心が少なくなっていると見える。宗教より、迷信や特定の魔除けのほうを信じている。このごろは違うだろうが、水子供養にはとくに熱心なように見受けられる。

……院内で私は、一人の女性（霊媒［巫女《みこ》］は女性に限られている）がその術を行うためにある家に入っていくのを見た。

脚気をわずらっている息子の父親が、治るかどうか知りたいという。霊媒は小箱を抱えているが、箱のなかには、喉のところまで埋められて首をきられた犬の頭が入っているというものもある。黒石では信じられている迷信も、日光では信じられないという種類のものである。伊藤は「懐疑論者」のくせに、奥地を無事に旅できるかどうか、巫女の口を通して、亡き父の霊に尋ねていたことを告白した。

文明開化

英国公使館は保守的な感傷から、今もこの［江戸という］名称を公式に用いている。この帝国の過去に固執する研究者たちもみな同じで、西洋的刷新［文明開化］を「卑俗」だとして無視している。

このセンスに、およばずながら賛成である。イギリス人らしい感傷だろうが、日本にはない。あるとするなら京都、奈良を誇りに思うくらいである。京都なら世界に誇っていいかもしれないが、京都の人はその良さが眼に入らないらしい。京都も文明開化の波に洗われつつある。

教育制度の頂点に位置するのが、東京大学である。法学部、文学部、理学部という学部と東京医学校、そして、かつては英語学校の名で知られていた大学予備門と植物園からなる。

最初の三学部の生徒は七一〇人を数えた。一八七五年と一八七六年の間に学業優秀な生徒一九人を海外留学させた。彼らは年間一〇〇〇円の学資金を受けるが、帰国後安い俸給で生活を始めるにあたって、重くのしかかってくる。

学校の予算が違う。後に東大紛争が起こったが、その当時の学生の意気はするどかったが、いまはその卒業生のなかでもスキャンダルの名手が出る。

……義務教育に関する法律がないために学齢人口の三九・九パーセントしか就学しておらず、いかなる教育も受けていない児童が三一五万八〇〇〇人も存在すること。……無学で迷信深いが必ずしも愚鈍なわけではない膨大な数の民衆が今も存在し、進歩を妨げたり、政府を困惑させたり、取るに足らない局地的騒乱を起こすこと、以上である。

（中略）

……教育制度を、最善のやり方で改善したいと考えていること、進んで欠陥を修正したり失敗に学ぶこと、すべての階級の人間が教育を受けることができるように崇高な努力を重ねてきていること――このような点で日本は、この上なく高い評価を受けるに値する。

ところで、この本を読んで気がついたのだが、著者には、なんと、中国奥地や、朝鮮奥地、アメリカ横断など、他にもいろいろの著書があることを知った。わたしはまず中国と韓国を求めたいと思っている。一昔前（十九世紀末）の話だからおもしろいだろうと思う。

冒険談ではないが、昔の見知らぬ国に行くことは冒険にちがいないから、わたしにふさわしい。

あの庭に鶏頭が咲いていたのか

森まゆみ『子規の音』

司馬さんがよく「思い邪《よこしま》なし」(『論語』の中の言葉だった)と、つぶやくように言っていた。この言葉の出どころを知ったのは、さきごろのことだが、おなじように何度も聞いた、

鶏頭の十四五本もありぬべし

という句は、子規の作であることは、わたしも知っていた。好きな句だったが、高浜虚子の選には漏れていて(『子規句集』岩波文庫)、あとがきにちょっと載っているだけだった。そんな時、虚子なんか「人の気も知らないで」という感じになるのである。

九月二十八日には大風があった。十月一日の「消息」には、

「去る二十八日の大風は被害も少からぬよう聞え候が、草廬は格別事無く、庭前に立並びたる二十本許りの鶏頭葉鶏頭皆恙《つつが》無きは、小生に於《お》いて嬉しき限りに御座候」と書いている。

それだけ、子規にとっては愛情のかかる植物なのであった。……

鶏頭の花に涙を濺《そそ》ぎけり

……倉田紘文氏は論文「『鶏頭』の一句──その解釈をめぐって」で、……自分の「死」を意識している子規が、赤く群立する鶏頭に強さ、たくましさ、愚直さを受け取っていた

……子規は病室から庭に生えた鶏頭を目前に眺め、その数も具体的に把握した上で、「ありぬべし」と言い切ったのだという。「病床の子規は身体の自由を奪われたかわりに『眼力』を得た。その眼力こそ子規の写生俳句の根本の生命なのである」。

「同感だ。眼力だけでなく、聴力も、臭覚も、触覚も、いよいよ研ぎすまされてくる」とあるのは森まゆみの感想である。

わたしも同感だが、そんなに難しく考えたのではない。病床から庭を眺めると、そこに群れ咲く鶏頭の、十四、五本もあるだろうか、と言っているだけで数も具体的に把握しないでいいのではないか、子規の胸のうちはだれにもわからないのだから。

でも、この句から、床に就いている子規を思う。愛してやまなかった庭を思う気持ちは、あわれである。

森まゆみは、「小園の記」（明治三十一年十月に東京に移った子規の名随筆。『ホトトギス』の第一号に載せたもの）を引用している。

「我に二十坪の小園あり。園は家の南にありて上野の杉を垣の外に控えたり。場末の家まばらに建てられたれば青空は庭の外に拡がりて雲行き鳥翔《かけ》る様《さま》もいとゆたかに眺めらる。始めてここに移りし頃は僅《わずか》に竹藪を開きたる跡とおぼしく草も木も無き裸の庭なりしを、やがて家主なる人の小松三本を栽《う》えて……四五輪の花に吟興を鼓せらるることも多かりき」

この年、伊藤左千夫、長塚節がきて、香取秀真は妻に去られた。節が子規と同い年で死んだのも、左千夫の子どもたちが子規と同じ病気で長生きしなかったのもまた、いたましい。

ゆくりなくもわたしは、子規の家をたずねたことがある。あの庭に鶏頭が咲いていたのか、といまは思う。

都市空間というが、この一帯（台東区根岸）は子規をはじめ、そのとなりは陸羯南の家だった（子規が亡くなったあとで、越してきたのだと聞く）。虚子、漱石、鷗外、陸、左千夫、寺田、浅井忠、逍遥、不折ほか、まだまだたくさん、この空間のなかにいる。

明治の同窓会のようである。大げさに言うと東京文化の揺籃の地であった。

以下、わたしの好きな、そして初めて知る句。解説めいた短文は、森まゆみの文中よりとったもの。

水鶏《くいな》叩き鼠答へて夜は明ぬ　根岸は水鶏で有名であった
君が代も二百十日は荒れにけり　この句に古島一雄は驚いた
紅葉ちる和尚の留守のいろり哉　天田愚庵を訪ねたとき
行年《ゆくとし》を故郷人と酌みかはす　秋山真之《さねゆき》と
元日に海老の死骸ぞめでたけれ　元日の句
寐るひまもあつてうれしき二月哉　喀血を見た子規の強がり
行春や鶯下手に鳴きさがり　繁殖期をすぎた鶯
散るものは散て気楽な卯月哉　梅も桜も花見の時期が終わる

これらの句は、森さんの地の利もあって、地名などと引き合わせて読むと、いっそうよくわかるという。

初暦五月の中に死ぬ日あり　子規はなぜか五月というと体調をくずした
糸瓜咲て痰のつまりし仏かな　以下絶筆
痰一斗糸瓜の水も間にあはず
をと、ひのへちまの水も取らざりき

読み進むと、最後に驚くべき展開が待っている

岡倉覚三『茶の本』

アントニ・タピエス（バルセロナの誇る現代作家）と会った時、彼は岡倉覚三の『茶の本』の話をもち出した。それがカタロニア語で読めるという。出たときはたくさん買って配ったが、いまはフランス語でもあればいいのに手に入らない、と言った。

この本はもともと英語で書かれ、それは外国でフランス語やドイツ語に翻訳され、外国の人たちに先に読まれたという。

日本語では、村岡博の名訳で評判になった。中村愿という友人（岡倉のファンでもある）が『茶の本』の装丁を頼みに来た（この時は平凡社の仕事をしていた）ので、わたしは幸せにも読むことができた。

これは茶道の本というより、むしろ文明批評の本といった方がよく、本は薄いが内容はとても厚みがある。書きたいことは山ほど出てくるが、ここでは芸術鑑賞という項についてメモしてお

こうと思う。

……伯牙（琴の名手）は調べを変えて恋を歌った。森は深く思案にくれている熱烈な恋人のようにゆらいだ。空にはつんとした乙女のような冴えた美しい雲が飛んだ。しかし失望のような黒い長い影を地上にひいて過ぎて行った。さらに調べを変えて戦いを歌い、剣戟《けんげき》の響きや駒の蹄《ひづめ》の音を歌った。すると、琴中に竜門の暴風雨起こり、竜は電光に乗じ、轟々《ごうごう》たる雪崩は山々に鳴り渡った。帝王は狂喜して、伯牙に彼の成功の秘訣の存するところを尋ねた。彼は答えて言った、「陛下、他の人々は自己の事ばかり歌ったから失敗したのであります。私は琴にその楽想を選ぶことを任せて、琴が伯牙か伯牙が琴か、ほんとうに自分にもわかりませんでした。」と。

この物語は芸術鑑賞の極意をよく説明している。傑作というものはわれわれの心琴にかなでる一種の交響楽である。……美の霊手に触れる時、わが心琴の神秘の弦は目ざめ、われわれはこれに呼応して振動し、肉をおどらせ血をわかす。

小堀遠州は「偉大な絵画に接するには、王侯に接するごとくせよ」といっている。われわれは、……（礼儀を尽くすことをいとうために）眼前に広げられた美の饗応にもあずからないことがしばしばある。名人にはいつでもごちそうの用意があるが、われわれはただみずから味わう力がないために飢えている。

日本の、シェークスピアと言われている近松（門左衛門）は、「劇作の第一原則の一つとして、見る人に作者の秘密を打ち明かす事が重要であると定めた。」

弟子の一人が、シェークスピアの『まちがいつづき』にちょっと似ている脚本を書いたが、近松が言うに「これこそ、劇本来の精神をそなえている」とほめた。

「……というのは、これは見る人を考えに入れているから公衆が役者よりも多く知ることを許されている。公衆は誤りの因を知っていて、哀れにも、罪もなく運命の手におちて行く舞台の上の人々を哀れむ。」と。

（中略）

しかしながら、美術の価値はただそれがわれわれに語る程度によるものであることを忘れてはならない。（中略）われらの個性さえも、ある意味においてわれわれの理解力に制限を設けるものである。（中略）もっとも、修養によって美術鑑賞力は増大するものであって、われわれはこれまでは認められなかった多くの美の表現を味わうことができるようになるものである。

わたし（安野）が思うに、この章に限らないが、岡倉の文章が美しいために、芸術といわれるものが、すべて高雅なもののようにおもわれはすまいかという心配もある。芸術といっても、わたしも、ダ・ビンチも同じに語ることはできまい、と思う。ここでいう芸術は優れたものをさしている。

高雅なものを、高雅ということはやさしいようでいて、意外に難しい。現代芸術というものが出てくるに及んでますます難しくなった。つまるところ本人の感性に頼らなければならぬようになってしまう。批評だけしているときは問題が少ないが、それをお金を出して買う（自分のものにする）という段階になると、感性以外に頼るものはないとおもえてくる。

もっとも、買うことは難しいほど高貴なものがある。それは展覧会や寺社に行ってみるほかない。それにしても、展覧会などに行く人が少なくない。実際に絵をかいているわたしなどがみると、拝みたくなる。

「……偉い利休は、自分だけにおもしろいと思われる物をのみ愛好する勇気があったのだ。しかるに私は、知らず知らず一般の人の趣味にこびている。実際、利休は千人に一人の宗匠であった。」と答えた。（小堀遠州の言葉）

（中略）

高雅なものではなくて、高価なものを欲し、美しいものではなくて、流行品を欲するのである。一般民衆にとっては、彼らみずからの工業主義の尊い産物である絵入りの定期刊行物をながめるほうが、彼らが感心したふりをしている初期のイタリア作品や、足利時代の傑作よりも美術鑑賞の糧としてもっと消化しやすいであろう。

この本を読み進むと、最後に驚くべき展開が待っている。わたしは絶句するばかりであった。

わたしは文語文の、きちんとした言い方に酔った

森鷗外『即興詩人』

森鷗外はわたしの郷里、津和野の生まれで、津和野には生家が残り、記念館もある。東京本郷には住居があり、今はそこも記念館になっている。

わたしが『即興詩人』を無人島的名著（無人島に持っていく五冊の本をあげよという、岩波の『図書』からきたアンケートに答えた五冊。『即興詩人』『方法序説』『ファーブル昆虫記』『米欧回覧実記』、あと一冊は思い出せないが、たぶん『モンテ・クリスト伯』）とおもっているのは、わたしと故郷が同じなどということとは関係がない。

じつは文語文に凝った時期があって、『舞姫』『うたかたの記』『文づかい』『うずしお』などを漁るように読んだ。鷗外を敬慕していたという永井荷風の『断腸亭日乗』、陸奥宗光の『蹇蹇《けんけん》録《ろく》』も文語体だから読んだ。その途上で『即興詩人』にであったのである。

はじめは馴れなかったが、しだいに夢中になった。

たとえば、

我傍《かたへ》なるドメニカは二人の御上《おんうへ》安かれとつぶやきぬ。烟火《はなび》の星の、数知れず乱れ落るは、我等が祈禱に答ふる如くなりき。されどドメニカは泣きぬ。こは我がために泣くなり。我が遠からず、分れ去るべきをおもひて泣くなり。ボルゲエゼの主人《あるじ》の君は、「ジエスヰタ」派の学校の一座を買ひて我に取らせ給ひしかば、我はカムパニアの野と牧者の媼《おうな》とに別れて、我行末のために修行の門出せんとす。ドメニカは帰路に我にいふやう。我目の明《あ》きたるうちに、おん身と此野道行かんこと、今を限なるべし。ドメニカなどの知らぬ、滑《なめらか》なる床、華やかなる氈《かも》をや、おん身が足は踏むならん。されどおん身は優しき児《ちご》なりき。人となりてもその優しさあらば、あはれなる我等夫婦《めおと》を忘れ給ふな。あはれ、今は猶果敢《はか》なき焼栗もて、おん身が心を楽ましむることを得るなり。おん身が籐《とう》を焚く火を煽《あふ》ぎ、栗のやくるを待つときは、我はおん身が目の中に神の使の面影を見ることを得るなり。かく果敢なき物にて、かく大《おほい》なる楽《たのしみ》をなすことは、おん身忘れ給ふならん。カムパニアの野には薊生《あざみお》ふといへど、その薊には尚《なほ》紅の花咲くことあり。富貴の家なる、滑なる床には、一本《ひともと》の草だに生ひず。その滑なる上を行くものは、蹉《つまづ》き易《やす》しと聞く。アントニオよ。一たび貧《まづし》き児となりたることを忘るな。さらば御身は見まくほしき物も見られず、聞かまくほしき事も聞かれざりしことを忘るな。

世に成りいづべし。我等夫婦の亡からん後、おん身は馬に騎《の》り、又は車に乗りて、昔の破屋《あばらや》をおとづれ給ふこともあらん。その時はおん身に揺られし籃《かご》の中なる児は、知らぬ牧者の妻となりて、おん身が前にぬかづくならん。おん身は人に驕《おご》るやうにはなり給はじ。その時になりても、おん身は我側《わがそば》に坐して栗を焼き、又籃を揺りたること思い給ふならん。言ひ畢《おは》りて、媼は我に接吻し、面を掩《おほ》ひて泣きぬ。

＊安野注

「二人の」＝ファビアニとフランチェスカの二人。

ドメニカ＝主人公のアントニオを世話した、カンパニアの野の老婆。

ボルゲエゼ＝貴族。偶然、ジェンツァーノの花まつりの日、馬車が暴走してアントニオの母を轢いてしまった。その馬車の主の君。

要約すると、ボルゲエゼ公がカンパニアの野で、野牛に追われて危なかった時、家のドアを開けて救うという小説的偶然によって、そのおり、その子（アントニオ）の向学心を知り、ボルゲエゼ公は、彼が学校へいくことを助けようとする。

さきに書いたのは、きたるべき日、つまりアントニオとドメニカが別れなければならぬ日、ボルゲエゼ家の帰り道の野道をいくときのドメニカの言葉である。

僭越ながら、わたしがおなじところを、口語体に訳した箇所を、かかげてみる。


でもドメニカは泣いた。それはわたしのために泣くのだった。ボルゲーゼの主人の君は、イエズス会派の教会が経営している学校の席を買ってわたしに与えてくださったために、わたしはカンパーニャの野とドメニカたちに別れて、修行の門出をすることになっている。

ドメニカは帰り道にわたしにいった。

「わたしの目の開いているうちに、あなたとこの野道を行くのは、今日が最後かもしれないね。あなたの足はわたしもまだ見たことのない滑らかな床、華やかなじゅうたんの上を踏むことになるだろう。あなたは優しい子だった。大きくなってもその優しさがあるなら、わたしたち夫婦を忘れないでおくれ。

ああ、わたしは、今はまだ、焼きグリなどであなたの心を楽しませることができる。

あなたが籐を焚く火をあおぎ、クリの焼けるのを待つとき、あなたの目の中に、神の使いの面影を見たのだよ。

カンパーニャの野はアザミばかりだというけれど、そのアザミにはなお紅の花が咲くのだよ。お金持ちの滑らかな床には一本の草も生えやしない。その滑らかな上を行くものは、つまずきやすいと聞く。

アントニオよ、ひとたび貧しい子だったことを忘れないでおくれ。見たいものも見られず、聞きたいことも聞かれなかったことを忘れないでおくれ。今にあなたは世に知られる人になるだろう。

わたしたち夫婦がもうこの世にいないころ、あなたは馬にまたがり、または馬車に乗って、昔のあばら屋を訪れるような日がくるかもしれないが、そのときは、あなたが揺らしてくれた籃の中の子は、知らぬ人といっしょになって、あなたの前にひざまずくかもしれない。

アントニオよ、大人になっても、人に偉ぶるようにはならないでおくれ。そのときになっても、あなたは、わたしのそばに座ってクリを焼き、また籃を揺らしたことを思い出しておくれ。そんなはかないことに、あんなにも大きい楽しみがあったことを、わたしは決して忘れないからね」

いい終わってドメニカはわたしに口づけし、顔をおおって泣いた。


文語文を読んだあとでは、こんなにも違うかとおもわれるのは残念だが、そのくらい文語文のたたずまいは、堂々たるものなのだ。この機会に文語文を読んでみてもらいたい。

わたしは文語文の、きちんとした言い方に酔った。そこに何が書かれていようと、二の次だった。

永井荷風の日記も音だけで美しい。鷗外の『舞姫』もエリスのモデルをさがしているより本を読む方が先である。『即興詩人』は原文よりも素晴らしいといわれた。すくなくとも文語体になったことだけでも原文よりすぐれていると思う。原文は読めないわたしの言うことではないが。

入歯が靴の中から出てきた

菊池寛生誕百年記念『逸話に生きる菊池寛』

菊池寛『父帰る』

わたしは、軍隊に取られて、高松の近くの王越村にいたおり、高松が、爆撃機におそわれ、まるで噴火山のように煙をふき、その中を、焼夷弾が雨のように降ってくるのを見た。

戦後何年もたって、わたしはその王越村へ行ってみるため、高松駅から車に乗った。

途中、高松市内に銅像があった。

「あれは誰の像かね」と運転手に聞いてみたが、「そうね、偉い人なんだろうが、知らない」といった。

その銅像は、まぎれもなく菊池寛である。高松での学校の成績は最高であったが、彼は無頓着だったらしい。以下に『逸話に生きる菊池寛』からいくつかの逸話を要約する。

中学時代の菊池は女に縁がなかったが奥さんは美人をもらった。（太田顕）

英語の教師がみんなに夏休みのことを英語で話させた。菊池は満州旅行をしたことを約三〇分しゃべった。ただし、かれは満州などには行っていなかった。（永井龍男）

菊池寛は明治四十三年夏の初めに一高の入学試験を受けた。そのころ無試験入学という制度があった。佐野文夫、芥川龍之介、久米正雄などの人々がいた。……残りの二十人足らずの者が、菊池寛や私などのように新たに受験して入学した連中だったわけである。（恒藤恭）

佐野文夫がそのころ女性と恋愛していた。デートの折、『金色夜叉』（尾崎紅葉）の貫一のようにマントを着ていかなければ恰好が付かないと思った。成績は良くても青年時代はみんな似ている。

「青木君のマント」という短編になっているので読めるが、青木君とあるのは実は佐野君のことである。青木君はマントを着てでかけたくても、質に入れているので着られない、そのうちどこからか借りてきてでかけていった。

それからしばらくして、また金のいることができて、マントを質にいれようということになり、菊池寛がそのマントを着て悠々と質屋に行った。その後、隣の部屋でマントがなくなったと騒ぎだした。菊池が質屋に行ったのを見たものがあるということになり、菊池は舎監室に呼び出された。菊池は「あのマントは、佐野が借りてきたもので、国元から金が来れば返そうといっていました」ということになった。はっきり言えば盗まれたものなのだ。

ともかく佐野が帰ってきて本人の話しをきくまで待ってもらえないかということになった。佐野が盗んできたものだとすると、どうなるか、彼はたぶん退学になる。自分は知らなかったのだから退学にはなるまいが、いずれにしても本人にきいてみないとわからない。ずいぶん長く待って、十二時過ぎにやっと帰ってきた。

聞くと、かれは急に泣き出した。佐野の父は上田萬年と同期の親友だから、佐野がつかまったとなったら佐野の父まで安心できない。長崎という学生が真相をきくためにやってきた。長崎は興奮して、すぐに校長のところへいって真相をうったえた。（永井龍男）

そのころ、旧制一高の校長は新渡戸稲造だったと書いたものを読んだことがある。多分そうだったろうが、いまははっきりしない。

菊池は佐野をかばって、自分がやったといいはった。そんなことから一高は卒業できなかったが、京都の選科にはいって高等学校卒業検定試験を無事通過できたのは当局者のかれにたいする配慮があったためだろう、といっている。(永井龍男)

自分が一高をよすと、自分と同じ級の成瀬正一が、心配して彼の父に話してくれた。彼の父の成瀬氏は当時、十五銀行の支配人をしていた。成瀬は、僕が退学した事情は「学資がないためだ」というように話したのである。成瀬と自分とは同郷の誼《よし》みもあったので、成瀬の父は自分をその家に寄宿させてくれた。(「菊池寛年譜」より)

菊池寛は時事新報の記者となり、借り着の正装で大正天皇の勅語を読まれるところへ出た。天皇は読みづまりや、読み直しもあるので、菊池は「天皇さん、あれでいいのかね」とささやいたが、菊池は「やっぱり玉音は朗らかであった」と書いた。(宮崎光男)

よく知られている『父帰る』という芝居がある。菊池寛三十歳の時(大正六年)の制作である。

「父帰る」

登場人物の賢一郎二十八歳は役所勤め、その弟新二郎二十三歳は教員、母おたか五十一歳は仕立物の内職をしていて、賢一郎の妹のおたねは二十歳で嫁入り前、いま仕立物を届けにいったところ。家族でおたねの嫁入り話をしている。

母が言う。おたねを外へ出そうとすると、ぜひにも賢一郎が（嫁を）もらわにゃならん。お父さんが出て行ったときは、三人の子どもをかかえてどうしようかとおもったものだが、……。小学校教師の新二郎が帰ってきて言うには、杉田校長が、今日お父さんとよく似た人を見かけたとのこと。しかし、賢一郎は、「それがお父さんだったとしても、家の敷居はちょっと越せないでしょう」と言う。

母　若い時から家の学問はせんで、山師のような事が好きであったんや。あんなに借金が出来たのも道楽ばっかりではないんや。支那へ千金丹を売り出すとか云うて損をしたんや。賢一郎が英語の検定をとるという弟に、「何しろ、一生懸命にやるんだな。父親《てておや》の力は借りん

でも一人前の人間にはなれると云う事を知らせる為に、勉強するんじゃな。」

そこへ、おたねも帰ってきて、四人で夕飯を食べながら話している。

その時、「御免!」と男の声がする。母と賢一郎だけが僅かにおぼえている父である。迷惑をかけた父だが母にとっては、懐かしい意味が少なくない。帰ってくればみんな許すという気になっていたのではないだろうか。

わたしの見た映画では、父役は名優河村黎吉、毛糸で作った胴巻き、ハンチング、よれよれのズボンといういでたち。帰ってくることなんかできないはずなのに、玄関につったったったまま、かつての山師からは卑屈な笑いも消えている。

ここまで、ずいぶんはしょった。

賢一郎　お母《たあ》さんは女子《おなご》やけに何う思っとるか知らんが、俺《わし》に父親《てておや》があるとしたら、それは俺の敵《かたき》じゃ。……それは俺を子供の時から苦しめ抜いた敵じゃ。……お母さんは（俺たちを育てるために）マッチを張るし、……俺は父親から少しだって愛された覚えはない。俺の父親は八歳《やっつ》になる迄家《うち》を外《よそ》に飲み歩いて居たのだ。その揚句に不義理な借金をこさえて情婦を連れて出奔したのじゃ。……（そのとき）お母さんが俺の為に預けて置いて呉れた十六円の貯金の通帳まで無くなって居ったもんじゃ。

（中略）

賢一郎　新二郎！　お前はその人に何ぞ世話になった事があるのか。……お前の小学校の月謝は誰が出したのだ。

（中略）

賢一郎　俺は父親がない為に苦しんだけに、弟や妹にその苦しみをさせまいと思うて夜も寝ないで艱難したけに、弟も妹も中等学校は卒業させてある。

父　もう何も云うな。わしが帰って邪魔なんだろう。わしやって無理に子供の厄介にならんでもええ。……さあもう行こう。おたか！　丈夫《たっしゃ》で暮せよ。

去ろうとして父親は、玄関でつまづいて縁台の上に腰をつく。

父　のたれ死《じに》するには家《うち》は入《い》らんからのう。……年が寄って、弱って来ると、故郷の方へ自然と足が向いてな。

家の前まで三度も来たが、「やっぱり這入らん方がよかった。（……）せめて千と二千と纏《まと》った金を持って帰ってお前達に詫《わび》をしようと思ったが、年が寄るとそれだけの働きも出来んでな。……」

（蹌踉《そうろう》として立ち上がり顧みて老いたる妻を一目見たる後戸をあけて去る。後四人暫く無言）

母　賢一郎！

おたね　兄さん！

賢一郎　新！　行って、お父様《とうさん》を呼び返して来い。

この芝居は大成功した（これは田舎芝居ではなくて、賢一郎は市川猿之助という本場のもの）。幕がおりて電灯がついたあと、芥川龍之介が泣いていた。久米正雄も小島政二郎も佐佐木茂索もみんな泣いた。

菊池寛も泣いた。（江口渙）

と、これはあらすじだが、鋭い短編であり、戦後各地の青年団で演じられた。じつはわたしも二度やった。一度は学校で、一度は移住先の青年たちといっしょにやった。

エピソード

菊池寛生誕百年記念『逸話に生きる菊池寛』（文藝春秋、一九八七）は、限定版なので手に入らないかもしれない。菊池寛の守備範囲が広いので、訪問客は漫画家、俳優、新聞記者など多種多様で、たとえば菊池寛賞も多分野にわたる。いくつかのエピソードを要約して掲げる。

原泉子（中野重治夫人）がモスクワで開かれる国際労働者演劇オリンピアードへ参加することになった。

原さんは菊池寛のところへカンパを頼みに行った。菊池寛はすぐ承知して、「いくらだせばいいかね」と言ったので、とっさに七〇円といった。七〇円の金額は当時としては小さくない金額だった。しかし、このオリンピアードにはモスクワ行きの旅券がおりず、実現しな

かった。（佐多稲子）

広津（和郎）君が書いた原稿を菊池さんが『婦人公論』へおくった。「僕の見た彼女」という題だったが、「僕と『小夜子』の関係」と題名を変えて載せた。そのいきさつが、事件となり、菊池寛が中央公論社へなぐりこんだことがある。机をはさんで嶋中社長をなぐろうとしたが手が届かず、あまり関係のないひとをなぐり、今度は菊池寛の立場が悪くなって、広津さんが中にはいって、やっとおさまった。（嶋中鵬二）

菊池さんは、戦時中、小石川にあった失明軍人寮の人たちを自費で茗渓会館に招いた。菊池さんは涙の出るような演説をした。海軍の兵曹長が謝辞をのべたが、喜びと、涙でとぎれとぎれに、「国家はわれわれのためにあらゆる援助施設を作ってくれたが、個人としてこんなあたたかいもてなしを受けたのは初めてである」といっていた。（池島信平）

なにか戦争に関係のある座談会を計画したとき、亭主が戦死している人が出席するというので菊池が「車で迎えに行くから」といった。その人が、家は路地の奥で車は入れないから、車の必要はないと何度も断ったが、ぜひ行くという。それで待っていると、菊池自身が歩いて路地に入ってきて、大きな箱のお土産を持ってきて子どもさんにあげてくださいという。カステラだった。（そのころカステラなどほとんど手に入らなかった。）（里見弴）

車で先生を迎えに行くのだが、先生は紙入れを忘れたり、入歯を忘れたり、競馬場への入場バッジを忘れたりして、こちらをあわてさせた。（舟橋聖一）

私は二十一年七月にビルマからひょっこり帰ってきた。先生はいくぶん涙ぐんだ眼をして「よく帰って来たね。僕が佐佐木君に電話しておくから、すぐに新社にいけ」と言われた。（上林吾郎）

菊池さんは岩波文庫の「祝詞《のりと》、宣命《せんみょう》」を読んで本を顔の上に乗せたまま寝た。夜半、男が出てきて馬乗りになったので菊池さんは男の顔をおしあげたところ、男の口から血が流れ出た。「こりゃ人間ではない」と思い、「君はいつから出てるんだ」と聞くと「三年前からですと答えた」というのだった、これは夢。（小林秀雄）

「今日ねえ、先生は入歯を失くしちまったのよ、だから誰とも口を利かないんですって」。

なるほど、口を利かず、東京駅まで、佐藤さんとばかり話をしてきた。降りる時、菊池さん、靴をはこうとして、ゴソゴソやっていると、入歯が靴の中から出て来た。（小林秀雄）

あるひ、渡辺順久が社長室に入って行くと、その日はたまたま菊池寛の持ち馬「ときのはな」がレースに出るということで騒いでいた。かれは当時大金の三〇円をかけた。いよいよ出番となった。と、「ときのはな」がいない。よくみると、一番になるはずの馬が反対方向に走っているではないか。ウソのような本当の話。順久さんは怒った。泰然とレースを見ている菊池寛は「キミ！　ワタナベクン！　アイテハチクショウダヨ！」と言った。（水谷静眉）

菊池さんが私と（編集部の）永井君に将棋を指させ、まずい手を私が指すと「君、そんなの駄目じゃないか」と叱るので、待ったをして別の手を指すと、「そうだよ君、いい手だね。うまいね、井伏君は見どころがあるね。ねえ永井君、そうだね」といって永井君をくやしがらせた。（井伏鱒二）

大山康晴が中学生のころ、菊池寛が将棋をやろうというので、だまって香車を一つおろした。中学生の康晴はコテンパンにやっつけたという。中学生でもプロ並みだから普通の人で

はかなわない。（安野うろおぼえ）

以上のカッコの中の氏名は、エピソードを語った人、要約・文責は安野です。

圓生の頭のなかはどうなっているんだろうと思う

六代目三遊亭圓生『新版　寄席育ち』

秀才

生まれは大阪だという。江戸弁では古典的な存在だったのに、大阪生まれと知って、すこし驚いた。大阪の西区花園町で、父は競走馬をもっていて馬丁《べっとう》を置いたというから、お金持ちだったと思う。

この家には、柴田セイ（「セイ」は呼びにくいので、「おはる」と呼ばれていた）という女中さんがいて、実父の万助がこの女中さんに手をだして、できた子どもが「松尾」だが、正式の戸籍を松田万助・さだ夫婦の長男とした。おはるの方は、女中に子どもを産ませては具合が悪いというので、馬丁の寺田富吉と夫婦にした。

そして、「あたくしは相当な年になるまで、自分を生んでくれたはるは乳母で、本当の母はさだだと思っていました」。とはいえ、おはるは終生松尾といっしょにいて、葬式も松尾がだしたという。

複雑でおもしろい話ではある。余計なことだが、実母のおはると、実父の万助のどちらかが、よほどの秀才だったと見える

言い忘れた、この秀才の松尾（「松雄」で届けたつもりが、戸籍謄本に「松尾」と書かれてしまった）が圓生である。

実父の万助は「ひとの請判《うけはん》をして、当時の金として三〇万円、これであたくしのうちが、つまり差押えを食ったかなんかで」、とうとう東京へとび出して帰ってこない。「仕方がないので、あたくしと富吉・はる（実の母）を連れて母が東京へ出てきました。」

浄瑠璃は、ずっと母（義母のさだ）が稽古をしてくれた。

義太夫は素人芸ではなかった。わたしは、「ははあ、落語家になろうと思うと、あのむつかしい義太夫から、浪曲までマスターしなければならないのか」とおもっていたが、この松尾は豊竹豆仮名大夫という名で義太夫の舞台にあがっていた。なんでも子どもの時からというのはすごい。

つまり圓生は義太夫もやれたはずで、しかも出し物がひととおりではない。触りの部分だけと

いうが並ではない。浅草の竹本駒太夫という師匠のもとへ稽古に通ったのだというが、本はなくて全部暗記だから天才的な子どもだったと思う。

見てきたようなことをいうが、わたしの年頃では圓生も志ん生も文楽も今輔も三亀松も見たのが自慢なのである

あのころ、つまり昔は、テレビがあったわけではないから、学生、文人、通人は義太夫に凝った人がおおかった。

さだは芸の時は口やかましく、そばで三味線を弾くが、よくできたときはほめてもらえてとてもうれしかった、というからこの親子はうまくいっていたらしい。

そのころ横浜の真金町の郭へ、お梅さんに抱っこしてもらって行ったことがある。お梅さんが新派の座頭の亀井鉄骨という人に会うためで、いっしょに花魁《おいらん》の部屋に入ったのを覚えている。帰り道も抱っこされて帰ったが、抱っこしてくれたのは花井お梅という人だった。

何を隠そう、芝居で「明治一代女」となる芸者が花井お梅で、箱屋を殺して獄にくだり、それを売りものに、舞台に上って踊りなどをしていたが長く獄へはいっていたため、その踊りもうまくなかった。

圓馬さんのところへ落語の稽古にいき、夜遅く帰るから学問はきらいだし、眠気におそわれてどうしようもなかったという。はじめ、名前は圓童といった。

このころの写真が残っているが、精悍な目つきでがんばっている。

そのころ、読書が大事だとさとって、『一豊の妻』を手はじめに巌谷小波のお伽ばなしも読んだ。本の中で仙人というものがあることをしり、寄席へ行って根掘り葉掘り聞いてみるけど、さすがに仙人という答えはむつかしい。『冒険世界』で押川春浪の『怪人鉄塔』を読んだり、『武俠世界』を読んだりしていたが、そのうち噺家は式亭三馬を読まなくちゃあいけない、などといわれ、『浮世風呂』『浮世床』とか、著者は違うが『八笑人』『和合人』などというものを読んで、ついに滝沢馬琴に凝るようになる。

圓生の頭のなかはどうなっているんだろうと思う。「圓生百席」など、本に書いてあることを暗記したのではない。稽古の生活の中から暗記して頭の中に入っている。この上、本を読んでも入らないのではないかと思うが、人間の頭にはいくらでも入るらしい。

前座

昔は一つの席に前座は一人しかいなかったという。いまなら真打にしてやるといえば大喜びだが、昔は「俺の芸はそこまで熟していない」とかいってならないひとがあったという。

圓生も前座の経験がない。金語楼もそうだったらしい。

昔、圓左という人がいて、寄席ではなくひとの家に行って相手かまわず落語をやる。鏑木清方の家にいって三席ほどやって、終わるとどうでしょうと意見をきくというのだが、これが昔の稽古の一種だったらしい。

話は変わるが、圓生は義太夫をやっている時分に、ときの常陸山《ひたちやま》から五円ものご祝儀をもらったという。そのころ一〇円といえばたいしたもので、芸人のいただくご祝儀は一円がふつうだった。

一〇〇円札というものもあるにはあったが「あたくしが十二、三ぐらいで横浜の新富亭へ行ったとき、品川の師匠が紙入れにもっていたので、たのんで見せてもらいました」というくらいだった。

わたしの場合は、そのころ宇部にいた出征前の義兄が見せてくれた、わたしが十三くらいの時だった。ステーキというものを食べさせてやるといって、うまれてはじめて、お肉だけの御馳走をたべた。そのとき「これが一〇〇円札だ」といって見せてくれた。

余談になるが、太平洋戦争中から一〇〇円札が出回り、金《かね》と品物とのバランスがくずれて、ものの値段の統一がとれなくなった。そのころ新円切り替えという国策があって、お金をいくらし

まっていても新円に切り替えないとダメということになって、金だけ集めていたものは、限度を決めて交換するのである。
新円というのは在来の一〇〇円に唐草風のもようをつけたもので、それで交換の期限をもうけている。期限が過ぎたらたんすの奥のほうからいくらお金が出てきても紙くずである。実際に紙くずになった人も多かった。
わたしは、ふざけて実に巧みに一〇〇円札を絵に描いた。コピー機などまだない時代である。やっと一枚描いて（模写して）、「旧円と取り替えないか」と、三原という人にもちかけたら、「いいのかい、すまんな」といって取り替えたが、しばらくして、「これは描いたもんじゃないか、でもおもしろいから交換する」といいだしたので、あわてて取り返した。
もっとも裏は白なんだから偽札にならないか、と思っていたが、法律的に言うと「お金に紛らわしいもの」という一行があり、これによって一〇〇円札を描く人はなくなった。そうはいうけれど一〇〇円札を描いても、その労力にはあわない。

真打

橘家圓好こと圓生が真打に昇進した、すると月給も一二〇円に上がった。これは高給である。品物以上の判定をされたのだ、と本人は謙遜するが、これほど義太夫のやれる噺家はほかにいないだろう。

真打というのは、まだ若いという逃げ場がないからこわいものらしい、真剣である。先代《おやじ》が、お客さんへ向かって「もし帰るんだったら、あたくしの演ってるうちに帰ってください。若い者だし、お客さまが途中で一人でも二人でも立たれた日にァ、当人が動揺して噺ができなくなるから、どうかおしまいまで聞いてやってください。さもなければ今のうちに帰ってくださいますように」と、こういうことわりを最初にしてくれることがあった。客は帰れないで、「一人も立たずにきちんと聞いてくれます」。

結婚

ファンとして寄席へ来ていた女の人がいて、このかたと結婚した。これはめでたい恋愛結婚だが、そういうこともある。圓生師匠は若いころの写真を見ると、精悍で落語家のようではない。目つきも鋭い。でも「著者夫妻（昭和三年春）」と題する写真はどちらも立派で、精悍さもとれてまるくなっている。島田の奥方もファンというくらいだから美人である。

ついでに言うけど、志ん生の若いときはどうだと思いますか？　これが年取った時とはまるで違ういい男なのである。その子の志ん朝は映画にでるほど美男で、いわゆる華があった。これが志ん生を想像させる証拠になっている。

志ん朝は若くして逝ったが、この死をおしまぬものはない。わたしは音のでる全集をもっていて、加えて映像のある全集ももっている。聞く機会が少ないがそれでも安心である。

話しはもどる、圓生は二人の男子にめぐまれた。多少ためらうことはあるが、本人がなりたいというものがいい。「あたくしは好きでなったんだし、まァ今更やめたってどうにもならない……あたくしは本当に芸をやるのが好きなんで、好きでなければやるべきもんじゃない」。

しかし、わたしは落語は世界にほこる芸だとおもっている。あらゆる落語をあつめて落語全集をつくったら、文学全集よりボリュームが多いのじゃないかと思うくらいだ。

ひそかに思う。印刷文化といわゆる文学は相携えて進歩してきたが、落語は印刷文化以前から、直接客にむかいあってきた。その点文学は間接である。落語を文学の目でみるといいと思っているのだが、どうだろう。桂文枝の新作落語などは、文学として見ても、かなりの傑作である（安野)。

昭和十六年(一九四一)五月、先代の一周忌がすんでのち、圓生の名を襲名した。これは本人にとって大きいできごとであった。その翌年四月、母のさだが亡くなった。

そのころ、花月独演会というのがあって、志ん生と小さんがやっていた。そこへ圓生にもやらないかという話になったが、苦労したらしい。新作落語をよこめで見ていることが多かったが、この新作落語のなりたちが、どういうしくみになっているのかがわかった。

毎月、野村無名庵という人のところの新作発表会へ行ってその人の朗読をきく、そのなかで気に入ったものを買う。一席一〇円、新作の会へ金は納める。

そのころ、「小さんがうまいと思いました」という。四代目のことだが、すぐにはどの小さんかわからない。襲名がいろいろあるためで、わたしは襲名しないでもらいたいと思う。

『百川』の中で「四神剣《しじんけん》」というのがでてくるが、時の圓生は、あれがわからないという。わからなくてもやれぬことはないだろうが、彼がわからないというのがおもしろいと思った。

田舎者の百兵衛が老舗の「百川」に奉公人としてやとわれる。彼の言葉はひどくなまっていて会話が難しい。そんなとき客からお呼びがかかって座敷に出る。ここの客は魚河岸の若い衆で、なんでも祭りの時となりの町から四神剣を借りたが若い衆が質にいれたらしい。これをどうやって受けだすかともめているところへ百兵衛が現れてさわぎになる。

「四神剣」とはなにか？　圓生は小さんに聞いてはっきりしたらしいが、わたしはインターネットで調べた。

満州

そのころ満州行きの話になった。戦争がたけなわで日本にいても落語などやってられない。いっそ満州へいこうかという話になる。

徴用だが少佐の待遇だとあって、講談の国井紫香・そのほか漫才、志ん生たちと出発した。「満芸の契約が終わったら放送局へ来い」といわれていたので、いったらそこに森繁久彌がいたという。

志ん生が、変な夢をみて気分が悪い、といっていたら、陛下の放送があるという。これが無条件降伏だった。

日本へ帰る密航船がでるというのだがほとんど詐欺で、まったくどうしていいかわからない。そのとき大連の三越にいた山田さんという人から志ん生さんはわたしのうちへ、圓生さんはほかのうちへ泊まるといいと大変親切にしてもらったが、そう長居もできず困っていたら、開いている部屋があってそこでしばらく暮らすことになったが、なんとそこは女郎屋だった。もちろん女は来やしない。

昭和二十二年の一月に志ん生が引き上げ、一か月遅れて圓生も帰ってきた。ロシアのほうもいいかげんで、「迎えの船がきて出発するかもしれないが、しないかもしれない。命令によって発てるように準備だけはしておけ」という具合だったらしい。

日本につくまで心配だが、その後とにかく日本についたのだから、わたしは「圓生百席」が聞けるし、志ん生を見たなどと自慢げなことも言えるのだから、まあよかった。

ここから井上ひさしの芝居の話。

井上ひさし作『圓生と志ん生』という芝居がある。このポスターをわたしが描いた。似顔絵はへただが行きがかり上しかたがなかった。しかし、若い時の二人ではなく年取ってからの二人を描いたが、これでは意味がないことになる。

芝居の台本をもらったので、すこしだけ書きそえる。

井上ひさし作『圓生と志ん生』

とき　昭和二十年夏から二十二年春までの六〇〇日間。
ところ　旧満州国南端の大連市の市内あちこち、伊勢町の旅館「日本館」二階座敷、逢坂町

遊郭の「福助」、町外れの廃屋、依託販売喫茶「コロンバン」、カトリック系女子修道院の物干し場など。

大連にはわたしも行ったことがある。そのころまだドイツを思わせる建物が多かった。レストランで上海ガニを注文したら皿いっぱいに盛って出てきた。

ひと　五代目志ん生こと美濃部孝蔵（五五）
六代目圓生こと山崎松尾（四五）

孝蔵　一四日の晩はしこたま呑んで、ご婦人ともねんごろにいたしましてな、昼ごろパッチリ目を覚ましたら、日本が負けてました。

松尾　頼りにしていた関東軍、アジア最強の軍隊は、ソ連軍が攻め込んできたとたん、朝鮮の近くまで逃げちまっていたんだそうです。

（中略）

孝蔵　真打ちになったのは、松っちゃんの方が一年早かった。あたしより一〇個も年下なのに、これはバカな出世だ。

松尾　七つンときから落語をやってましたから……それだけのことです。

（中略）

孝蔵　あたしが近ごろ発見した秘密、……入歯になっちゃおしまいだ。声が入歯とぶつかると、そこんとこで噺にとどこおりがおこるからね。つまり、自前の歯なしでは噺ができない。

二人は、部屋がいっぱいで相部屋をたのまれる。いやだなとおもっていたら相客は、

おかみ　君香さんに梅香さん。お二人とも関東軍の偉ーいお方の……大連限定奥様。失礼のないようにお願いしますよ。

「限定奥様」からは、志ん生だとか、圓生なんて知らない、柳家金語楼なら知っているけど、といわれてしまう。

松尾　中国の人たちに恨まれても仕方がない。これまで日本人が勝手放題してたんですからね。だいたい、このごろは街で日本語が通用しなくなりましたよ。聞こえてくるのは中国語ばかりです。そうなるとますます心細い。そこで、日本人で、お家をお持ちのご婦人の間で、期間限定結婚というのが大流行りなんです。

「大流行り」かしらんが、中国残留孤児の話は深刻だ。子どもを置いて帰るほかなかった人たちもいた。

おしゃぶり　でも、おしゃぶりを渡し忘れていたことに気がつきました。
お人形　このお人形さんなしではあの子は眠れません。
風呂敷　この風呂敷がないと、一晩中むずかっています。
写真　これは親子三人の記念写真。これがあれば、いつかあの子も日本へ帰れるかもしれません。（紙札を示して）子どもを預かってくださった方の住所とお名前が書いてあります。お渡しねがいます。

孝蔵がコロンバンにやってくる。弥生という、大連高女の四年生になる娘が本を読んでいる。この大変な時にも読んでいる、この娘に負けずに本を読んでもらいたい。本は漱石全集。

孝蔵　お茶、ちょうだい。

弥生　前金でおねがいします。

（中略）

孝蔵　そんなにツンケンしてちゃお嫁に行けねえぞ。

弥生　その気はありません。

（中略）

孝蔵　たしかに落し噺を考え出した鹿野武左衛門てえお人はえらいよ。人情噺や怪談噺を案じ出した圓朝大師匠もえらい。けど、あたしゃァね、その三代目の小さんくらいえらいはなし家はいないと、そう思っているのよ。

松尾　あたしも同じです。なにしろいまの落語の型をこさえあげたのは、この三代目小さんなんですからな。

（中略）

弥生　「小さんの噺を文字にすれば、それはそのまま小説の文体になる。」

（中略）

弥生　そしてわたしの漱石先生は、三代目小さんの噺をもとに、新しい小説の文体をつくり出した。そう、日本の小説の文章のもとをつくったのは落語家なんだわ。

昭和二十一年初冬の、小春日和のある午後。大連市内にあるカトリック系女子修道院の屋上の物干し場。

孝蔵　腰が低いというかなんというか、自分についてはなにごとにも「お粗末なもので」という男が客を迎えた。その客が庭から夜空を見て、「ほう、まことによい月で……」というと、男が「いえ、ほんのお粗末な月でございまして」……なにごとにも、ほどというものが大事ですな。

（中略）

オルテンシア　新約聖書、聖パウロからコロサイ人に宛てた手紙第二章、「偽りの謙遜は、ただ思い上がっているだけなのです」……！　ああ、来たるべきお方よ、じきじきにお教えくださいまして、ありがとうございます。

（中略）

院長　（はなし家組に）わたしたちの心と命の糧《かて》の大切な尊いお方をこれ以上、侮辱するようなら許しませんよ。

孝蔵　……怒ったところがまたかわいい。

院長　何者ですか。

松尾　……はなし家です。

はなし家？　はなし家とは何です。（安野）

松尾　師匠から弟子へ弟子からそのまた弟子へ、口から口へと口伝えで受けつがれてきた噺をしゃべる者のことです。新しい噺をこしらえてしゃべる者もおります。

（中略）

院長　……食べものはすべて炊き出しに回して、自分たちは塩と水とコーリャン粥の貧しい食事。そして、どんなにつらくても炊き出しをつづけるのだと覚悟を決めたところへ総本部からの引き上げ命令。……あれやこれやで、あなた方はからだも疲れ切っている。むろん、このわたくしもそうですけれどね。でも、こんなときなんですよ、疲れた体と弱った心が救い主を求めてしまうのは……。

三人　（院長を仰ぎ見る）……！

院長　疲れ果ててみんなが救い主を待ち望むとき、きまって偽の救い主が現れます。……そして、その偽者を救い主に担ぎあげてしまう。ひどい世の中に向かって、妙に勇ましいことをいう者や、妙にりっぱな理想を掲げる者は、たいてい偽者です。

（中略）

昭和二十二年一月下旬のある朝。

大連港引揚者用特設待合所前の小広場片隅。電柱が一本。

風呂敷包み（お握り四個）を持った松尾がやってきて、反対方向を透かして見る。

松尾　兄さん、引揚者待合所の向こうに船が入っていますよ。

孝蔵　（背中にボロボロの布製リュックサック）密航船はヤだよ。怪しい船だったら、回れ右して羽衣座の楽屋へ戻っちゃう。

それは密航船ではなかった。

まあ、とにかく戦争は終わった

三木のり平『のり平のパーッといきましょう』聞き書き　小田豊二

　この本は、最初に小学館の人が持ってきて、これはおもしろいよ、というので読んでいるうちに他の友達に説明して、その人に貸して、今度はまたわたしが買ってきて読んだ。今では二冊同じ本が家にあることになる。それを持ってきた人のことはわすれた。もうしわけない。

　この本の著者は三木のり平だが、いわゆる口述筆記で、その聞き書きは小田豊二である。

　この聞き書きは、ふしぎなくらい絶妙で読むものを少しも飽きさせない。酒の入った三木のり平に、叱られながらも、話がおもしろく進んでいく。読者が叱られているのではない、小田豊二が叱られているのである。


　僕（三木）が生まれたのはね、君の言うように、確かにはっきりしないんだ。だぁれも詳しいことを知らない。知ってたんだろうけど、言ってくれなかったんだよ。

（中略）

……大正十二年の関東大震災の時に、僕はおふくろのおなかのなかにいたことだけは確かなんだ。ところが、戸籍によると、僕は大正十三年の四月十一日生まれということになってる。

（中略）

……田沼っていうのは、おふくろの方の姓でね、親父のほうはちがう。親父の名前は大川定次郎。慶応大学の精神医学の先生だ。その先生がうちのおふくろと出来て、僕が生まれた。

（中略）

……僕（三木）の名前をつける時に、男名前だと運が悪いっていうんで、則子という名前にした。……孔子や孟子は女かって、子がつく男は立派になるんだって（おふくろは）言い含められたらしい。まあ、この名前が後で徴兵検査や、僕の芸名の由来に関係してくるんだから、なにがあるかわからないよ。

江戸むらさきのコマーシャルも、この名前に関係があるような気がする（安野）。家は浜町の「芳柳《ほうりゅう》」という待合だった。

浮いた浮いたと　浜町河岸に
浮かれ柳の 恥かしや、
人目しのんで 小舟を出せば
すねた夜風が 邪魔をする。

と歌う新内があった。

原作は川口松太郎だが、この小説の取材源は、明治二十年、浜町にあった「酔月楼《すいげつろう》」（一説には東京柳橋叶家《かのうや》）の花井お梅が、箱屋の峯吉を殺した事件があったことによる。「明治一代女」という題で、人気がでた。

お梅には歌舞伎役者の恋人があったが、その襲名披露か何かで大金が要ることになり、お梅が専属の箱屋の巳之吉に相談し、巳之吉は故あって田舎の田地田畑を金に換えて工面する。

わたしは明治座でこの芝居をみたが、巳之吉に扮した大矢市次郎が名演で、浜町河岸でいい争いとなり、市次郎がにぎったお梅の帯がほどけて舞台いっぱいに広がったかと思うと、またくるくると巻き戻し、その時お梅の手に持った包丁が光る。

三木のり平の住んだ町は下町だったから、イワシ売りもくるし、金魚売もくる。


定斎屋《じょうさいや》もきた。薬売りだよ。天秤に吊るした薬種簞笥の引手がガチャガチャさせながらさ、腹掛け半纏着てさ、やってくるんだ。紙風船がほしくてな、よくぞろぞろついていった。「らお屋」って知ってるか。そう、キセルの真ん中の部分の竹に蒸気を通してやって、ヤニをとる商売だよ。そのうちに、竹の火皿に近い部分が焦げてしまって切るから、だんだん短くなる。じゃ長い竹にしてくれって、新しいのに取り替えてくれる。

このキセルは両側が金属で真ん中が竹である。電車の切符を乗り口と出口だけ買って、途中をねこばばすることを「キセル」といったが、これはよくできたシャレだとおもった。

キセルは今では映画の中でしか見ない。親父はこのキセルの火をぷっと掌の上に落として、熱いのをがまんしながらキセルに次の煙草をつめる。わたしは、このしぐさが大人っぽくって真似してみたことはあるが、いい若者のすることではなかった。

ある日突然にこの刻み煙草が町中から姿を消した。当然、ラオ替え屋も日本中から姿を消した。それは、フィルムカメラからデジタルカメラに変わったころとほとんど同時期であった。いまでは、携帯電話で写真が撮れるようになるなどして、この世の文明は大きくかわった。

ところが、いまでは「小粋」とか「宝船」などの名で刻み煙草が売られており、キセルも千円くらいから一万円くらいの値段でインターネットで売っているからおもしろい。

僕（三木）が見た時の活動の（映画の）スターは、大河内伝次郎、阪東妻三郎、林長二郎、のちの長谷川一夫だ。

付け加えると、市川右太衛門、片岡千恵蔵、月形龍之介がいた。

わき役では三井弘次、わたしはこの俳優が好きだった。不良学生などを演じ、それを心配する姉の田中絹代の前で、煙草を左の掌に置き、右手でポンとその手をたたくと、煙草は宙を舞ってあやまたず弘次の口の中へ入るのだった。わたしは煙草のダミーを作って練習したが百回に一回も命中しなかった。

先輩に清水さんという人がいた。この人が短い煙草に火をつけて口をもぐもぐさせ、火のついた方を内側にし、ぷうーと息を吹くと、反対側から煙がでてきて人を驚かしたつもりになって、ドウダイといった。

わたしは左手の上に煙草をのせた。しばらくにらんで、エイとばかりに右手で左を打った。そのとき煙草は空を飛んであやまたず、わたしの口に入ったのである。先輩はどうしたんだ、どうしたんだ、どうやったんだと、あわてて聞いた。百遍にいちどくらいしか成功しないといった。

女優では、栗島すみ子、三宅邦子、入江たか子、山田五十鈴、岡田嘉子、高峰三枝子、高峰秀子、岸恵子がいた。岡田嘉子は恋人と二人で樺太の国境を越え、ソ連へ入ったが、二人はその瞬間に離されたという。戦後、嘉子のほうは帰ってきたが、想像通りの美人女優だった。飯田蝶子、浪花千栄子もいた。清川虹子もいた。これを書くときりがない。栗島すみ子、三宅邦子の二人の名はしっていても聞いたことがないといったほうが、自分の年齢をかくすためになる。

映画館の座席は男子席、女子席とわかれていた。三木のり平に言わせると、真ん中は夫婦の席でアベックではだめだった。わたしの友人に藤波という男がいて、苦労の末に、その女子席という看板をとり外し、自分の勉強机の前にとりつけていた。

僕（三木）はね、小学生時代から絵を描くことが好きだったんですよ。

クラブ歯磨の全国ポスター展で、僕は優秀賞だったんだ。その時、楠木正成の鉛の像をもらったな。ほんとだよ。こんなところでウソ言ってどうするんだよ。クラブ歯磨っていうのがあったんだよ。その登録商標が楠木正成。覚えている人、いるはずだよ。

（中略）

話しは元に戻るけど、親父やおふくろは、まだ小さい時からそんな僕を見てたんだろうね。薬剤師にもなりたくないって言うし、歌舞伎の養子はダメだっていうんで、なににしようかって考えた結果、どうも親父は、僕を画家にしようと思ったらしい。

学校でも、絵の成績が抜群によかったしな。気のせいか、それからというものは、家に貧乏画家がたくさん来はじめたんだから。もともと、親父の友達にそういう芸術家が多かったってこともあるけどな。そうすると、教えてくれるわけだよ。貧乏画家でもプロはプロなんだから。

そして満州事変だ。この本には書いてなかったが、この事変の前が上海事変だ。この事変の陰に咲いた花のように、一世を風靡した爆弾三勇士という昭和の美談があった。インターネットの記述によると、

美談は、そのときだけで、満州国の独立という演出の一助となったが、この独立は世界の理解をえなかった。松岡全権大使は、国際連盟を脱退する宣言をし、「さようなら」といって議場を去った。そして日支事変に発展した。

三木のり平は日大専門部芸術科（現＝芸術学部）に入った。そこで新入部員募集のなかに学生劇団の舞台美術募集というのがあり、芝居にも舞台美術というものがあることを知った。「子供の頃から芝居は見てたし」、おもしろいかもしれないな、と考えたらしい。

嫌な時代だよね。西村晃はカッコいいことが好きだったから、しょっちゅう気取っていた。

海軍の特攻隊に入るくらいだったからね。「死んで靖国神社でまた会おう」だもの。いま考えれば、オウムと同じマインド・コントロールだよね。

（中略）

「聞け、わだつみの声」なんか見たって、国のために死んでいくんじゃない。自分はそうした運命なのだ。だから、せめて家族や恋人よ、生き延びてくれって思いがあったと思うね。え、僕？　正直なこと言うと、特に反戦思想はなかった。

どっちかというと厭戦的ではあったな。……当時、ずいぶん学生が軍隊に入りましたよ。雨の神宮で学徒出陣っていうのがあったろ。（帰ってきて家で靴を脱いだら）足がふやけて真っ白けだったことが印象的だった。

あの学徒出陣は二十歳以上の文科系学生と、農学部など一部理工系の学生たちが、卒業までの徴兵猶予をないことにされて、在学途中で出陣していくのだった。理工系と教員養成系の学生は対象から除かれた（出陣学徒壮行会。昭和十八年十月二十一日）。観客席からは、涙をしぼって「海ゆかば」の歌が女子学生たちによって歌われた。「へえ、理工系は徴兵延期だったのか」と言ったら、中易《なかやす》という友達が「そんなこと知らないなんて、アンノさんは不勉強だよ」と言った。歌があった。

花もつぼみの若桜
五尺の生命《いのち》ひっさげて
国の大事に殉ずるは
我ら学徒の面目ぞ
ああ紅の血は燃ゆる

（「ああ紅の血は燃ゆる」昭和十九年）

わたしの解釈はすこし違う。

わたしは、ひそかに思う。『きけ　わだつみのこえ』というベストセラーがあるかげに『戦没農民兵士の手紙』という岩波新書があったことを、覚えている人はないだろうか。

前者が上官を批判したり、命の愚かさを嘆いたりしている反面、『戦没農民兵士の手紙』は農作物の出来具合ばかり気にしているのだ。おわりのほうには、恋人が兵隊に出て行った人にあてた手紙がでている。ほとんど流行歌の文句だ。でもわたしはこれを読んで泣いた。この切実に恋人を思う気持ちに比べて、美辞麗句のなんとそらぞらしいことだろう。わたしはこの本を大切にしまっている。

前略ご免下さいませ。

忠雄様　その後一向にお便りありませんのね。御達者にてお暮しでございましょうか。何時も変りなく毎日元気で居ります。安心してね。寒い寒い冬も訪れてまいりました。北風吹き荒む頃きっと愛しい貴方のお言伝えかと、窓辺によれば冷い嵐がしのびこむ、顔を通り過ぎてゆく。其の度に此の胸に便り無き岩手の人の心無き式の日がとても寂しいの。毎日来る日も来る日も小さき胸を悩ましましょう。

過ぎし日のことばかり後から後から、されど私はやっぱり一人なのだ。これからは貴方のレター拝見することが出来ないでしょうね。私は決して心は変りはしません。だけど貴方へ差し上げ、愛情は何時の世までも貴方の胸へおしまい下さいませ。

貴方へ上げた写真は永遠に貴方のそばにおいてね。つれなき浮世の二人であった。

何時も貴方の便り来ると小踊りする位嬉しかった。私、二度と拝見することが出来ないでしょうか。短い間の私、忠雄へは一番愛情を捧げました。

永久に忘れることなく貴方の胸にね。清い愛情の二人が悲しみもあれ、忠雄様。

二人が誓い合った此の筆にも早やお別れを言う時が来たのではないでしょうか。

なにもかも夢であった。空想の幻であった。忠雄様いつまでも幸福であって下さいませ。

私何時でも貴方一人の者でありたいと願ったかいも無く、貴方からは何のお便りもない。忠雄様返信くれると思ったら、何時でも下さいね。私待ってるわ。貴方のお写真は毎日待ってるがくれるでしょうね。毎日待ってる。では今日はこれにて、どうぞこの寂しき私の心を男心に思い出して下さいませ。もう悲しくって双の眼は涙に曇って字も見えなくなりました。では御身大切に。いつまでも幸福であれとはかなき女性ながら秋田にてお祈りして居ります。

愛し懐しき鎌田様へ

秋田にて　鈴木より

戦争ではないか、一億一心といったではないか、それなのに徴兵延期とはどういうことか。農民兵士は田んぼを捨てて出ていった。中にはもう戦死したものがあったかもしれないのに、二年やそこら延期したって、理工的に貢献しうる何があったというのだろう。

戦後になった。久しぶりに会った友達がポケットから写真を出してこれが誰かわかるか、と聞いた。わたしにはそこに写っている女の人が誰か、思い出せなかった。

「Tだよ、お前もう忘れたのか」といった。

きくと、わたしの友達は、東京の理工系の学校へいき、徴兵が延期された。わたしは彼から初恋の人をあげよといわれて、Tだと言ってしまったのだ。わたしはTに手紙を出したこともなく、言葉をかわしたこともないのに、東京へ行った彼は、俗な言葉ではあるが横はいりして、そのTに手紙を出したのだ。

そんなことは、わたしは絶対にしない。Tも、返事をするような人であったかということもさることながら、わたしが、彼から遠ざかり、二度とあうこともなくなった真の意味を、彼はわかっているだろうか。

つまり、神宮外苑の出陣式はどうでもいいのである。わたしは『戦没農民兵士の手記』があることを、再確認したかったのだ。

東京が激しい空襲にみまわれるようになったころ、のり平は、築地の魚河岸を仕切っていた佃政一家の、金子政吉という人の厄介になっていた。「ヤクザの三下になった。」

この親分で有名な話はね、関東大震災の時に、朝鮮人が井戸に毒をまいたっていうデマが飛んだんだ。だから、下町ではドサクサにまぎれて、数多くの朝鮮人が殺された。でも、この親分のえらいところは、燃え盛る深川から命からがら逃げてくる朝鮮人をひとり残らず匿《かくま》ったっていうんだ。外に出しておいたら、暴徒化した日本人たちになにをされるかわからない朝鮮人を徹底的にかばったって、後で有名になったよ。

この本にもたびたびでてくる千田是也は、千駄ヶ谷のコリヤマンという意味だ。新劇の中心人物だった千田是也は、義憤の人でもあったと思う。

○月○日柳井小学校に出頭せよ

たしか赤紙の文句はこうだった、（安野が）出かけるまでの猶予は一週間である。わたしたちは覚悟していた。昔「招集令状」という赤紙が来るとどうなるか、という宣伝映画をみた。親類縁者に別れを告げる。みんなは集まって「おめでとう」ということになっている。

映画では、どんな逆境にあっても、赤ん坊が生まれそうになっていても、両親が死の床についていても、招集令状が来た以上は、すべてをなげうって、つまり昨日までの人間とは、別の人間になって、かけつけねばならない。

村の者があつまって、だいじょうぶだ、責任をもって奥さんの面倒はみるから、という時に、悪い冗談だけれど、人々はくすくすと笑った。

万に一ついいことがあるとすれば、女と別れるための言い訳に困っていたものだけが、勇躍家を出た。

南方戦線へ送られたものはたいへんだった。ガダルカナル島とか、サイパンなど地図にもないようなところにいかねばならない。でもいっぽうのわたしは香川県王越村の小学校で毎日、舟艇秘匿場の穴をほらされていた。

三木のり平も、おふくろと別れの杯をかわしてわかれた。

……あと三日でついに入隊っていう八月十五日に「堪え難きを堪え、忍び難きを忍び……」てんで、終戦だよ。

なんだよ、お前がガッカリすることはないだろ。

（中略）

それで忘れもしない八月十五日の夜、そうっと家を出てさ、向島の土手で拾った石を懐にして、川の中に……。それじゃ、僕が死んじゃうじゃないか。そうじゃないよ、拾った石を奉公袋のなかに入れて、川に沈めた。月が皓々《こうこう》と照っていて、大川にその影を映し、どこからともなく三味の音が、チリリリリリリ……。いい絵だねぇ。

戦争に負けた。はじめての経験だ、でも、もう戦わないでいいんだとおもったら急に力がぬけて、みんな口先と違ってよろこんだ。

……まあ、とにかく戦争が終わった。

自分（西村晃）はいったい誰のために戦ったんだという思いは強かったと思うよ。自分の命をかけるものが欲しかったんじゃないのかな。それは晃だけじゃない。新劇をやっている人たちは、みんな、日本はこのままではダメだってんで、共産主義の思想に走ったんだよ。……ところが、僕ときたら、マルクスもエンゲルスもない。

そのころ、ＮＨＫのラジオにでるようになった。「ミッキー・トリオ」というバンドの三木鶏郎と知り合いになり、その彼がＮＨＫで最初にやったのが「歌の新聞」。

最初は『ロンドン橋落ちた』のメロディではじまるんだ。

〽も〜しもし　あのね　あのね　あのね

こ〜れからはじまる　歌の新聞
それで、別のメロディになって、
〽物がない　物がない
カネは沢山あるけれど　物がない　物がない
なくて不自由な世の中だ　あー世の中だ
「やー、新円の俸給をもらったね。新円おめでとう」
「いやなに、旧円中はいろいろお世話になりました」
くだらない？

え、冗談音楽でやったコント？　覚えてないよ。
……そう、「シラミの子」なんてのがあった。……みんなで歌うんだ。
〽わ〜れは闇の子　シ〜ラミの子ォ
さ〜わぐ上野の　地下道〜に

それで、（今度は）なにしようかなって思っていたら、徳川夢声さんに、本格的な喜劇役者になるつもりだったら、「ひとりでしゃべれる修業をして来いよ」って言われて、神田立花っていう寄席を紹介してもらって、……

……そう、寄席の高座に出させてもらったんだよ。落語じゃない。漫談みたいなものだ。

……夢声さんに、

「いいか、大事なことは、客を見て、話しかけるようにしてしゃべることだ」

（中略）

ウケないから、内容を変えようとすると、夢声さんに、

「変えちゃいけない。同じものをやるんだ。同じネタで笑わせろ」

って言われてね。楽屋に戻ると、噺家とか音曲の人がね、慰めてくれてね。

「いい経験だ。客にウケようと考えなくっていいんだよ。ウケなくてもいいから、とにかく、舞台の上は修業の場だと思って、お前、頑張れ」

って言うんだよ。あん時はうれしかったね。


……そうそれそれ。水町庸子。この人がかみさんのおっかさん。で、おとっつぁんが映画監督だった中山呑海。この人も有名だったんだよ。

かみさんは大恩人だった。教育映画、いわゆる文化映画で知り合ったらしいが、その後の三木

のり平に、いろんないみで影響をあたえた。教育映画の中にはこんなしごともあった。
酔っぱらいの役をやる。映画だけではない、実際に何度もやる。スチュワーデスの訓練のためだから、不本意だなどといっていられない。酔っぱらいの客をスチュワーデスがどのようにあしらえばいいかという問題。「こんなこと、やったのは僕ひとりじゃないかい。」
わたしも初めて聞いた。
庸子さんの娘が映子さん、この人と水天宮で結婚式をあげた（昭和二十四年）。

たとえばさ、大衆演劇っていうのがあるだろ。あれは筋としては勧善懲悪だ。正しい者が最後に勝てばいいっていう。
われわれも芝居というものの見すぎかしれないが、勧善懲悪でないと、芝居におわりがこない。

だけど、もう少し深く考えたら、正しい者が勝てば、それで世の中はいいのかなって思うじゃないか。

そうこうするうち、日本喜劇人協会が誕生する（昭和二十九年）。

初代会長が榎本健一、エノケンだ。副会長が古川緑波と柳家金語楼だった。……協会が出来たって、仕事が出来なければしょうがないってんで、翌年、日劇を借り切って、第一回喜劇人まつりっていうのが開かれた。

「世は情け浮名の横ぐし」

なかなかうまくいかなかったが、前述の三人がそれぞれ自分たちの得意の芝居をやり、それを劇中劇にしようってことになった。

……雲の上団五郎一座の原型だ。これが菊田一夫作『アチャラカ誕生』。

わたしは、新宿のコマ劇場でやっていた、雲の上団五郎一座の全くおかしい芝居をみたことがあるので、メモしておくことにしよう。

「世は情け浮名の横ぐし」の大パロディである。

一幕目はシリアスにこの芝居をやる。

木更津の浜辺であった、与三郎とお富はひとめぼれの恋仲となるが、お富は、地元の親分、赤間源左衛門の妾だった。その情事はみつかって、与三郎は源左衛門とその手下にめった斬りにされる。一方、その場を逃げ出したお富は入水するが、木更津沖をたまたま通りかかった和泉屋の大番頭多左衛門に助けられる。

それから三年。与三郎はどうにか命を取り留め、無頼漢となり、刀傷を売りものにしてゆすりたかりをはじめ、お富は多左衛門の妾（本当は、妾ではない）となっていた。

或る日。与三郎はごろつき仲間の蝙蝠安に連れられて、金をねだりに或る妾の家を訪れた。ところがそこに住む女は、三年前に別れたお富である。またしても誰かの囲いものになったかと思って、皮肉っぽく「イヤサこれお富、ひさしぶりだなア……」となる。やがて多左衛門がでて来て、そのとりなしで与三郎と安は金をもらって引き上げる。

お富は、多左衛門には与三郎を兄だと言い繕ったのだったが、じつは（妾をかこっているとおもわれている）多左衛門こそがお富の実の兄であり、多左衛門は全てを承知の上で二人の仲をとりもとうとしていたのである。（三幕目・玄冶店（源氏店）妾宅の場）。

二幕目。八波むと志の蝙蝠安は切られ与三郎をつれて、この家へゆすりに行く。練習だといっていろいろ教えるが三木のり平の与三郎は細かいところが覚えられず、一つ布団に二つの枕、七つボタンはさくらに錨などとやっている。

八波むと志は時間がないから、ラジオ体操のように、一、二、三、四、という具合に体を動かし、最後に柱につかまって尻をはしょり「いやさお富」とやれというのだか、いちにいさんしの歩幅が違って、柱に右手をかけるところがとくに旨くいかない。

客はいたたまれず笑いころげる。ゆすられている越路吹雪は「ばかばかしくてやっていられない」と帰ってしまう。与三郎はこれではお芝居もやめだな、といっていると、蝙蝠安に、お前はお金がほしくないのか、と半分おどされ……。

三幕があくと、越路吹雪の席には女に扮した三木のり平が座っている。

これで「玄冶店」（げんやだな）といわれると、もうおかしくって正視に堪えない。話は、ここであらためさせてもらいたいが——

名古屋弁では「久しぶり」というところを「やっとかなあも」(八、十日かなあも)という。この方言を聞きかじった三木のり平は「久しぶりだな、お富さん」というところを、「いやさ、お富〜、やっとかめだナモ」とやったらしい。

その時、名古屋の劇場が割れるのではないかと思うほど爆笑に満ち満ちて、あんなに笑われたことはないという。方言が身についていない三木のり平は、きょとんとしていたに違いないと思うと、わたしは思い出すだけでおかしい。これを読んでいるひともおかしいのではないかと思うが、わたしは、知ったかぶりを付け加えただけである(これは、菊田一夫作である)。

三木のり平や八波むと志のような役者はもう出ないのではないかと思っている。この本の話を書いているとそれだけで本のページがおわりになるような気がするので、おもいきって、やめる。あとは、いやこれまでのところも、実際の本にあたって読んでもらいたい。

わたしは、がんらいB面的だから

半藤一利『B面昭和史』ほか

爆弾三勇士

半藤一利に『昭和史』の戦前篇（一九二六～一九四五）・戦後篇（一九四五～一九八九）の二冊（平凡社）があって、これは非常によみやすい。『幕末史』（新潮社）と三部作になって充実しているが、そのほかに『B面昭和史』（平凡社）というものがある。

これは、なるほどという感じで、これまで書かれなかったが、じつはこの方が本当の歴史なのかもしれないと思うほどだ。

どの章にも、だまっていられなくなるほどで、わたしも言いたいというようなことが書きつけてある。この本は昭和元年（一九二六年十二月二十五日～三十一日の七日間）に誰が生まれているという下世話な話に始まる。なんとも着想がいいのである。

わたしは、がんらいB面的な人間だからだまっておれなくなるのだが、紙数が潤沢ではないので、このB面のなかでは、「爆弾三勇士」がわたしの生まれとかさなっているので、おもにこのことについて書くことにする（ここでは「爆弾三勇士」。またの名を「肉弾三勇士」ともいう。これは新聞社の命名で、同じものである。『天皇陛下萬歳—爆弾三勇士序説』〈ちくま文庫〉という本があり、上製本も出ている）。

昭和七年（一九三二）というから、わたしは小学校の二年生か三年生くらいの話である。

夜が明けてみて、この大事件がもちあがっているのに驚いた。日本中が驚いた。

その前に上海事件というのがあって、敵が日本人を殺したという、日本人僧侶殺傷事件というのがあった（これは日本軍の仕業で謀略だったことがあとでわかった）。これにいいがかりをつけ、「日本軍上海上陸」という威勢のいい幟旗をたてて、上陸したんだと、これは後からわたしたちの学校へ赴任した配属将校の自慢話の一つであった（僧侶殺害についてはしゃべらなかった）。

たまたま彼が「生長の家」の信者だったことを聞きだしたものがいて、「先生、きょうは生長の家について話してください」とだれかが言うと、すっかり機嫌がよくなって、話を始めるのだった。暑いのに運動場へ出て教練をやるよりは、風とおしのいい教室で、他のことを考えながら話を聞いている方がよかった。

爆弾三勇士の歌

一、廟行鎮《びょうこうちん》の敵の陣
我の友隊《ゆうたい》すでに攻む
折から凍る如月《きさらぎ》の
二十二日の午前五時

二、命令下る正面に
開け歩兵の突撃路
待ちかねたりと工兵の
誰か後《おくれ》をとるべきや

三、中にも進む一組の
江下 北川 作江たち

凛たる心かねてより
思うことこそ一つなれ　（以下略）

これは与謝野鉄幹作詞、陸軍外山学校軍楽隊楽長辻順治・楽長補大沼哲作曲でひろくうたわれた。なにしろ、時の荒木陸軍大臣が昭和の軍国美談だと折り紙をつけ、新聞各紙は歌を募集し、たちまち全国にひろがった。

わたしの旧友に久留米連隊に入ったものがいる。「久留米か、久留米は肉弾三勇士ではなかったか」というと、「そうだ。おかげで廟行鎮《びょうこうちん》まで、行進させられ、足はまめだらけになった」といった。地図でみると、ざっとわたしの津和野から山口市くらいまである。

実際には鉄条網を爆破し、無事帰還するのがふつうだったが、火薬を詰めた爆弾筒を三人ではこび、点火して逃げてくるてはずだったのに、事故で思わぬ時に爆発してしまったというのが真相らしい。それから数年近く後に実施された、特攻隊を肯定する前例になったかもしれない。三人の不幸な工兵隊員を忠義の決死の兵隊にして大騒ぎをし、メディアで大評判になったために、貴重な人材をみすみす無駄死にさせることになった。

その当時は日本中で、文鎮、下敷き、ノート、鉛筆、身の回りのありとあらゆる物が「肉弾三勇士」にぬりつぶされた。

わたしは無批判に、図画の時間は爆弾三勇士の絵をかいていた。

『文士の遺言』

昭和二十年八月から二十六年九月のサンフランシスコの条約調印まで、日本に独立国としての主権はなかった。かえりみて、そうだったのか、まだ真の独立国ではなかったのか、と思うくらいで、日本は負けたのである。

しかし、すくなくとも戦争をやっていた時代よりは明るかった。

ああ、そうかわたしの青春時代はそうだったのか、食べるものも希望もなく、青年団員は学校に集まって社交ダンスの勉強に精を出していた。わたしはよそもので、ダンスなど大きらいだったから、横目で見ていた。

そのころは失意と退廃と猥雑に満ち、活気のあるのは闇市だけだった。わたしはやっと代用教員の職をみつけて、脱脂粉乳の給食の世話などをしていた。

学芸会の幕をはると、そのころは幕を盗みに入るものがいるという噂があったので、舞台に陣取って番人になり、同じ番人の一人から碁をならい、まもなく夢中になり七級くらいまでなって、村では一番だと自己申告していた。西に強いといわれる人があれば行って習い、その人を負かすと、東に強い人を探した。そしてやがて村一番と自称することになった。

むりもない、かりにもわたしが教師、碁の相手が父兄の場合はひどかった。「子にやつあたりするという手もある」ということをほのめかすと、相手はかなりたじろいた。やつあたりなんぞしないが、「アンノさんならやりかねない」程度にほのめかすのである。

駅にいた靴磨きの子は靴を磨きながら、右のポケットから短刀をだし、しばらくして左のポケットにしまい、時に応じてこれをくりかえした。三鷹事件、下山事件、松川事件（いまだに未解決の事件）が相次いでおこった。

わたしの青年時代もそうだったなと思い出しながら、半藤さんが出した『文士の遺言』を読んだ。

そして、この本に司馬遼太郎さんに言及したところが、少なくなかったことから、司馬さんのことを思い出した。わたしもアメリカやら、台湾までいっしょに行っているから、もっと司馬さんのことを書けと言われていた。

この本に登場する文士たちが「遺言」を書いていたころ、のんきなわたしは焼け野原の東京へむかっていたのだ。

ノモンハン

ところで、この半藤さんには『ノモンハンの夏』という本があるが、司馬さんもノモンハンのことを書くといいながら書かなかった。

ノモンハン事件とは、昭和十四年（一九三九年）五月中旬から国境侵犯をめぐって日本軍とソ連軍とが戦火を交えた事変で、九月中旬に停戦協定が結ばれて戦闘は終結した。

半藤さんの記録では、日本軍の全兵力五万六千人、死傷率は全体の三二%、連隊長が二人は戦場で、三人が事件後に責任を取って自決。読んでみてもらうとわかるが、国境のハルハ河にかかる一本の橋しか退却路はなかった。まさに背水の陣だった。背水の陣などは言葉としてはつかうけれども、実際にはそのような戦陣の経営はむりである。

それは関東軍（安野による補注＝満州地方にいた日本軍。中央の指示などは無視し、現地にいる自分たち以外に戦況がわかってたまるか、という自負をもっていた）の参謀の独断専行ともいえる

（同＝背水の陣のような）作戦指導によって、第一線の将兵は名誉と軍紀の名のもとにやみくもに戦わされた、と評してもよい戦闘であったのである。

司馬さんは半藤さんに語った。

「よく知られているように、向こうは完全な機械化部隊でした。ところが日本軍はまるで織田信長の軍隊のようであった。これは私が勝手に創作していってるんじゃないですよ。連隊長として実際に戦闘に参加した須見新一郎元大佐の言葉です。〝われわれは元亀・天正の装備で戦った〟と、戦場での実感を私に話してくれたのです」

「合理的な（安野＝この合理という言葉ほど、いま心に響く言葉もない）、きちんと統治能力をもった国なら、……ノモンハンで事変をやるはずはないし、しかも事変のわずか二年後に同じ〝元亀・天正の装備〟のまま米英を相手に太平洋戦争をやるだろうか。信長ならやらないし、信長でなくても中小企業のオヤジでさえ、このような会社運営をやるはずもない。昭和の軍閥というのは、日本史にも、世界史上にもない感覚のひとびとでした」

昭和十四年のことなのか。わたしはなにもしらなかった。歌をしっていた。今でも覚えている。

腰の軍刀にすがりつき
連れてゆきゃんせノモンハン
連れて行くのは易けれど
女はのせない戦車兵

思うに司馬さんは、昭和の日本人に合理的な思考が欠如していることを、頭からしかりつづけていたのである。

目をうごかして、わたしを呪うしぐさをする

志賀直哉『城の崎にて』

……「一の湯」の前から小川は往来の真中をゆるやかに流れ、円山川へ入る。ある所まで来ると橋だの岸だのに人が立って何か川の中の物を見ながら騒いでいた。それは大きな鼠を川へなげ込んだのを見ているのだ。鼠は一生懸命に泳いで逃げようとする。

城崎温泉のネズミは竹串かなにかがささって、這いながら安全なところへ行こうとするが串が邪魔になって穴の中にもはいれないで、あせっている。身を隠せば安全と思うかしれないが、あの竹串では助かるまい。よくぞ石を投げる人がいたものと思うが、わたしは命中した石が「ボン」という音でも立てて、わずかに反応するかと、おもっただけでもたまらない。

ほかに書いたことがありそうだが、わたしにとって忘れられないことなのでもう一度書く。ネズミが下半身を何かに咬まれて、前足二本だけで、我が家の炊事場をはっていた。行く先は

どぶ川に通じる穴のなからしい。親父がいそいで、火ばさみで挟んで捨ててこい、といった。わたしは火ばさみをとりだし、半死半生のネズミをもちあげたとたん、「キーキー」と思いもかけぬ悲鳴を上げ、体全身を震わせた。そしてその震えが火ばさみを通してわたしの手や心臓にとどき、わたしの手がネズミになったかのように震えた。

わたしは放そうかとおもったが、親父が見ているし、ほとんど泣きそうになってどぶ川までもっていった。

ネズミが生物の中で、一番きらいになった。身の毛もよだつ、いまも同じである。

ネズミの声がすることが三度あったので、わたしはネズミホイホイを大量に設置して、四匹とったことがある。親子もいたのである。

ネズミはトランクくらいの高さは平気でとびあがることをしった。ネズミの通り道へトランクの上と下に、ネズミホイホイをしかけて寝た。その翌朝、親がかかっているのを見た。翌日には子が二匹かかっていた。一匹の子はトランクの上のホイホイにかかり暴れて下のホイホイの上に落ち、もう一匹は下にセットしたホイホイに抱かれ、サンドイッチになって、なんとも嫌らしいことに、その子は目をうごかして、わたしを呪うしぐさをするのだった。

ついでにいうが、小金井市のある高級住宅街でのことである。

夜、右手から二人の女性がでてきた。一人は娘さんらしい。親の方が火ばさみにネズミの（たぶん）死骸をまえにつきだしながらはさんでいた。瞬間なにをするのかわかった、道の真ん中にほうりだすと、気遣ってみていた娘さんもろとも、消えた。車葬である。何を言っているかおわかりだろうか。

学校の帰りに、幼稚園の入り口の橋の下で、おどろくべきネズミを見た。これが決定的だった。ネズミは咲き乱れたアヤメの根かたに流れ着いて、ぬれねずみになってうごかない。それだけならいいのだが、おぞましいことに蛆がわいているのである。蛆はにょろにょろと這い歩き、しかもネズミの体の中を這い歩くから、死んだネズミが微動していることになり、うごく蛆の形はネズミの外からも見えるのである。

わたしは、蛆の所業などを見ていないで、早く立ちされればいいのに、足がすくんで動けなくなっていた。こわいもの見たさというのか、あの嫌な蛆の動きに目をとられ、ともだちをよぶ気力もなく、たちすくんでいるほかなかったのである。

ミミズやいもりの死もまあいいけれど、ネズミの蛆の死だけは二度とみたくない。

わたしがネズミをきらいになったわけはこんなしだいである。

またついでにいうが、城崎からバスで三〇分くらいのところ、京都府下京丹後市にわたしの小さい美術館ができる（「森の中の家　安野光雅館」二〇一七年六月開館）。全くの余談で宣伝だが、通りがかりの方はみていただきたい。

原稿は頼む前からできているのではないか

『吉村昭自選作品集　別巻』

「わたしなんざ、子どものころ配られた夏休み練習帳なんか、その日にやってしまってあとは遊んで過ごした」と吹いていたら、居合わせた筑摩書房の中川さんという人が、「あ、吉村先生とおんなじだ」と言うではないか。そりゃあ全国的に見たらまだまだたくさん、そんなせっかちはいるにちがいない。

そんなわけで、わたしは原稿の締め切りに遅れたことがない。池内（紀）さんなんかは許して、「安野さんは頼む前からできているのではないか」と言った。

そういえば、そのころ新宿にあった「滝沢」という喫茶店で、原稿を頼みに来る人と会った。たまたま原稿を渡す人と同じ場所だったため、わたしが勘違いして頼みにきた人に渡してしまった。彼女はさんざんお礼を言って帰って行った。その次に取立人が来たのである。

つまり、池内さんのいうとおりのできごとになったが、まだパソコンのない時代だったので少々あわてたが、かえしてもらって正しい取立人に渡した。むしろ時間がかかった。

ところが、吉村さんは新聞小説でも全部書き終わらないと、渡さないし、それで迷惑をかけたことはない。これを読んでもあっけらかんとしているのは井上ひさしと、野坂昭如だと思う。

遅筆堂

井上さんが何かの賞をもらって、うどん屋の二階で祝賀の飲み会をやっていたとき、となりにいた週刊朝日の森田という人が、「わたしは先刻原稿をもらったからいいのですがね、あそこにいる講談社の青年を見てごらんなさい、いつも井上さんを注視しているから。そして目が合ったら「いきましょう」という無言の催促をするのです。下には車が待たせてあって、終わったらすぐ車で市川の自宅までおくるのです。なにしろ寸刻を争って書いてもらわなきゃなりませんから」。（そのころは『四千万歩の男　忠敬の生き方』〈講談社〉を書いていた。）

山形で法事があるというので、車を出し上野駅までおくったら、井上さんはしかたがなく大宮まで行って帰ってきたという話もある。

井上さんの装丁はいろいろやったが、孫に「きょうは、しんせきにふこうがあり、あすはおとうさんの、ぎりのおにいさんのいえのほうじで、そのつぎのひは又しょなのかで、しゅくだいができませんでした。四年一組かつおそういちろう」、実際にはもっと長く書いたが、ともかく宿題の作文を書かせて、それを裏表紙に貼った装丁をした。

『雪やこんこん—湯の花劇場物語』という芝居だったと思うが、芝居の公演が終わると、それが本になるのが普通で、その回は中央公論社という順番だった。

たまたまその頃、井上さんは『中央公論』本誌から頼まれていた原稿を締め切りぎりぎりに仕上げ、夜だったし、取りに来てもらうのもはばかられて、本人が、直接編集部へ持参した。

ところがである、そこには刷り上がった目次がおいてあった。井上さんは怒った。つまり、その目次に彼の名前がないのである。

「ちゃんと、間に合わせたではないか、持参したではないか」というのである。編集部もぎりぎりまで待ったにちがいないが、来ないものは仕方がない。そういう人がすくなくないから目次は最後の最後に別刷りで刷る。いわば最後の締め切りである。その目次の締め切りに遅れたら、間に合ったことにならないのである。

遅筆堂を標榜する彼が、珍しくすべりこんだために怒ったのかもしれないが、公平に見て井上さんが怒るほうがおかしい。この時は漁夫の利を得て、ほかの出版社がこれを出した。間に立ったわたしはドライに装丁をし、井上さんにもっと早くしろとも言わなかった。

これは聞いた話だが野坂昭如というつわものもいる。この人も原稿が間に合わない。編集部の人はさんざん催促したうえで指定の時間に取りに行くが、できていない。「今度は間違いなく渡すので今夜一二時に呼び鈴を押してくれ」という。ほっとして編集者は帰り、約束の時間に行って呼び鈴を押そうとしたら、呼び鈴がとりはずされてなかったというのだ。珍なる話だがこのくらいのことはあったかもしれない。

編集者が喜ぶべき人

その点、吉村昭はそういうことは絶対になかった。

人の常で井上ひさしのものはたとえ遅れても手に入れば大喜びする。

それにくらべて吉村昭から原稿をもらっても、涼しい顔をして、よろこばない。

本来編集者が喜ぶべき人はどちらかというと、間に合うほうであろう。このことについて語られた吉村昭のエッセイがあるが、残念ながら今回探してもみつからなかった。

話はかわるが、神田の誠心堂にいくたびに、「吉村昭自選作品集」（全十五巻・別巻一）が並んでいた。今度買おうと、いつも思っていたら、ある日なくなっていたのである。少し慌てて、版元の新潮社に電話したところ新本で揃うというのをきいて、すぐに注文した。こんどは安心してパラパラと読んでいる。

余談になったが、吉村昭さんの本の装丁を二度やった覚えがあるだけで、面識はない。あの筆力から言っても先輩だとおもっていたが、先方が二年下だった。

夏休み練習帳というものが共通しているだけでもうれしいのに、彼のエッセイの中には同時代的なものが少なくない。今回はエッセイを中心に書くことにするが、ほとんどは吉村昭の尻馬にのって、わたしも思い出したことがらである。

●海人草（わたし（安野）たちは「かいじんそう」と濁って読んだ）のことがなつかしい。回虫の駆除薬で、海藻からできているらしいが、その味ときたらもう、匂っただけで吐き気がする。「先生ものんでくれえ」と不平をいうと、先生はケロッとした顔でのんだ。

先生の見ていないとき花壇にすてるものもあったが、密告するものはなかった。悪戦苦闘しても三拝九拝しても先生はゆるさなかった。ふだん喧嘩が強いと目されているものも、だらしなくコップの海人草をながめ泣きそうになっていた。早くのまなければ冷めると、なおのみにくくなる。

やっとの思いでのみきったとき、同輩をさげすんだ眼でみてすぐそばを通った。「そんなものがのめないのか、子どもじゃあるまいし」という勝ち誇った気分だった。そのてんでいうと吉村昭はのめなかったらしい。先生がゆるしてくれたらしい。

また余談になるが、その後、白い粉で無味無臭のサントニンという抜群の駆虫薬ができた。また梅干しをコップ一杯、よくつぶして種を取り一気にのみくだすと回虫も逃げるということである。これはわたしの知っている医者が倅に試みた例である。今は亡くなったが名医であった。

●肺結核が猛威を振るった。結核にかかる体質というものがある、と言う人があった。わたし（安野）の子どものころ、薬はなく部屋を締め切って床に就き、死期をまたねばならなかった。吉村昭は中学二年の時、病が徐々に進行し肺結核になった。たしか手術をしたと聞いたが、全快して良かった。

わたしは結核予防会というところのシールをかいている。亡くなったが吉田満さんの奥さんがボランティアをしておられた。このごろまた結核が猛威をふるっているというから注意したほうがいい。

●家々のまえには、ごみ溜めがおかれていた。回収に来る人がきて、ごみを箱からだすと、ひどい悪臭がした。

わたし（安野）の家では燃えるごみはほとんど風呂で燃し、料理のくずは豚を飼う人がもっていくのでごみはでなかった。いま住んでいるところは「ゴミ処理非常事態宣言」と書いたゴミ集めの車が来る。わたしはスペインで見た火祭りのヒントから、どこかの校庭を借り、消防車も待機させて、火祭りをしてはどうかと提案したことがある。しかし火を燃せば灰が出て洗濯物などの上に降りかかる。結局は実現しなかったが、スペインでは町の辻に（電車を停めて）なんでも火の中に投げ入れる。古くなった雑誌や机、いすなどもほうりこまれた。まさに祭りであった。

昔は、いまのような、プラスチックごみというものは全くなかった。食品の包装など、ごみがでて始末が悪いがしかたがない。

いちど、落ち葉焚きのとき気泡プラスチックをいれたら、それが燃えて、出てくるガスのために、焼き芋はひどいものになって、一口嚙んだだけで吐き気をもよおし、一日中その匂いはきえなかった。

●吉村さんにとって浅草に行くことは牛鍋屋に行くことだった。中学生になってからは歩いて映画館や軽演劇を見た。エノケンはどうしても好きになれなかった。わたし（安野）が東京へ出たとき玉川学園にはシミキン（清水金一）の兄の哲学教授がいた。顔がそっくりで、シミキンの洋服のお古を着ていた。

●川田義雄、益田喜頓、坊屋三郎などが「あきれたぼういず」を結成して、活躍していた。これがおもしろかった。これとおなじ劇場に柳家三亀松が三味線を片手に出ていた。三亀松は、わたし（安野）も新宿の末広亭で見ていて、これこれの都都逸でもやるか、「やって！」という女の声は自前で、おんなよりも女らしかった。

●吉村さんが寄席に行くのは、中学校からの帰り道が多く、「鈴本」に通った。
末広亭は風格があった。小さん、志ん生、文楽、柳橋、先代正蔵、可楽、先代柳好、先代小文治、文治の落語を聞いた。わたし（安野）も、たぶん同じものを聞いているが、頻度数は吉村さんの方が多かったに違いない。たとえば小さんにしても先代とかいうのではなくて同一人物であろう。

●カレー蕎麦というものが、新しくこの世にでてきたが、これがおいしい。カレーは今のものの方が昔よりは進んでいると思う。ハイカラなものにかんじられた。（吉村）

●印画紙をガラスケースに入れその上に黒い絵を置いて太陽に向けて焼く。時間は経験値、あとで水洗いして陽画をとる。われわれは種紙といったがこの種紙が写真でいうフィルム（陰画）にあたる。わたし（安野）はその種紙をつくるのが好きだった。普通の絵を白黒逆転の形でトレースすれば種紙ができる。が、これはおもしろかった。

●針金や、割り箸で、ゴム鉄砲をつくった。わたし（安野）も作った。昔は道端でゴム鉄砲を製造販売する人もいた。

小沢昭一に句がある。

ゴム鉄砲　女房の尻を　的にする

これは、うろ覚えである。

●駄菓子屋は子どもの世界の、天下である。不衛生という言葉などは論外で、子どもの価値観はそこにあって、絶大である。子どもも賭博性のあるものが好きで、俗にくじ引きというものは子どもの世界になくてはならぬものだった。

あんこ玉がある、それを二つに割ると中に赤い小玉、緑の小玉などがはいっている。赤い球が入っていたら、さらに大きいあんこ球がもらえる。この時いったん割ったあんこ玉をもとどおりにくっつけることは、やればかんたんにできる、というのは手続き上問題があるかもしれない。

（安野）

●吉村昭は凧揚げがとくいだったらしい。大風で揚がるのはふつうだが、彼は微風のなかで揚げて、上空まで持っていくのが得意だったらしい。

●銭湯には三助というものがいた。男だが女風呂に出入り自由だった。いっぺんやってみたくて、まだ若いのにやってもらったことがある。なんとも気持ちがよかったが、生意気なことをやったものだと、いまは反省している。（安野）

吉村昭「編集者への手紙」から

私（吉村）もいつの頃からか職業分類としては、「作家」という部に入れられるようになり、税の申告の折にも職業欄に「作家」と書くようになっている。

しかし、汝の職業を明示せよと直接きかれると、わたしは答えに窮する。亡くなられた木山捷平さんの随筆に、投宿した旅館の宿帳の職業欄に作家と書くのがためらわれ、文筆家と記したところ、宿屋では、筆を売る商人と間違えたらしく、筆を分けてくれと申込まれたとユーモラスに書かれていた。

トイレのペーパーで作った紙飛行機に「SOS」と書いた

堀内誠一『パリからの手紙』

堀内誠一さんがパリにいるころ、よく手紙をくれた。流れるような手紙文で、一か所もなおしたところがない。いきなり書いている。いつも絵がついているが、その絵も書き直したり修正した跡がない。

藤田嗣治が同じように航空便で絵のある手紙をだしているのを、数点見たことがあるが、これにくらべても遜色がない。文章は堀内さんの方がいいと思う。

『パリからの手紙』というタイトル、半分以上は瀬田貞二さんに宛てたもので、この本に小さく

「この本を悲しみと感謝をこめて瀬田貞二さんに贈ります。

一九八〇年二月　　パリ郊外ANTONYで　堀内誠一」

とある。

堀内さんは「ホーキ星通信」と題してフランス便りを雑誌に連載していたが、その雑誌を出していた日本エディタースクール出版部がこの本の発行元である。手紙だから、それは出したものの手元にはなく、受け取った人が持っていることになる。瀬田さんは多分、彼の文章と絵が気に入ったために手紙を温存していたにちがいない。わたしにきたものもあったが、たぶん四、五通のそれが、この本の編集が終わったあとに出てきて間にあわなかった。

瀬田貞二さんの思い出

わたしも瀬田さんとヨーロッパでいっしょになったので、いろんな思い出がある。夜、宿へかえると、「今日はどことどこへ行き、どんな本を見つけてきた」などと言われる。わたしも、負けずに言うつもりだが、なにしろ絵を描きにでかけるので、言葉で説明できる場所には行かない。話していると、瀬田さんの方がたくさんのものを見てきた感じになる。わたしはひとこと、田舎や横町をまわってきました、というと、もうおわりで、それしかないから、夜が来るとわたしは何も見てこなかったような気になってしまうのだった。

アッシジで絵を描いていたら、まさしく正午だったので、あの大教会の鐘が鳴り始めた。と、その妙なる音の中に、いいしれぬ低音が一つ組み込まれていて、それはアッシジに行かなければ聞けない妙音だった。

（その後地震があったから、あの低音は聞けないかもしれない）

そこでわたしは持ちあわせていた録音機で音をとり、瀬田家でみんなに聞かせた。そのとき、うろうろする挙動不審の男があった。瀬田さんであり、それを見つけた娘さんが「あ、おとうさんは盗音しようとしている」といった。

おもしろいので瀬田さんが失敗したことを書いておく。

ある日、パリでトイレにはいったら、ドアが開かず出られなくなった。一計を案じて、トイレの下で遊んでいる子に、トイレのペーパーで作った紙飛行機に「ＳＯＳ」と書いて何台とばしたかしれないのに、気が付いてくれない。

成功したのは、ドアの下からそっとだした「ＳＯＳ」のトイレットペーパーを、掃除婦さんがみつけてくれたときだった。ドアは押さないで引けば開くという単純なものだった。

パリの日々

堀内さんの手紙を、無断で一つだけかかげる。（ ）内の人物紹介は安野によるもの。

瀬田貞二様　一九七六年十月五日付

拝啓、小島氏から秩父滞在での首尾を知り、今日は瀬田さんの手紙がとどきました。最近、日本からのお客が多く、よくパリに出るので、合い間を見て街をスケッチすることを覚え、アエログラムに描いてみることが多いわけで、決して返事のことなど気にしないで下さい。

また、今日は松居直氏（福音館書店、当時社長）夫妻、渡辺茂男さん（翻訳家）がパリに到着。ホテル（サン・ジェルマン通りを入った、庶民的なBUCI街に近い三ツ星）からモンパルナス界隈まで歩いてクーポールで昼食。ルクサンブールを抜けて、カルチェ・ラタン、ボン・デザールまで、東京から着いたにしては強行軍でしたが、開放された気分で良いと、かえって私の方がくたびれた程の元気でした。

丸木位里、俊夫妻（原爆の図）も滞在中で、明日の日曜はスケッチに同行する予定です。

丸木さんにしてからがこちらに住みたいゾナとおっしゃっていました。
二日目、松居夫妻、渡辺さん、丸木夫妻、皆でシャルトルに行ってきました。暖かくて、暑い位でした。
聖堂ではオルガンの国際コンクールがあって、何故かお巡りさんや消防の人まで待機しているモノモノしさでした（オルガンが過熱するわけじゃないでしょうが）。珍らしくシルヴィー館長が日曜日なのに一切の采配をふっていて、入口でフランス式のキスを受けました。あとでパーティがあるらしく、トラックがシャンパンを沢山運んで来ていましたが、残念ながら失礼して、例の鮭の木彫のある市場のそばのレストランに入りました。

今日、鬼太鼓座《おんでこ》のプレス招待があり、ピエール・カルダン劇場へ行きます。ボストン―ロンドン―ベルリンと廻って、パリでも去年に引き続いて人気が良かったので今年は出演料が七〇万円ほど出る、と田氏がいっていました。去年はタダだったらしいのですね。

曰く、外国を公演するのが目的の大部になっていたのが、こう受け始めると、何か空しいような気がします、と。佐渡で七年もくすぶってしまったけど、五年早くパリにでも出てきて、こちらの女の子と付合ってみたかった、などともいっていました。

団員の中でも二人ほどパリに残りたいと言う若者が出て来たらしい。他の国ではそういう話は起きなかったそうで、どうしてそうなるのか、不思議なところです。


このところカキを食べるためにナイフを使うので指に生キズがたえません。丸木位里さんも広島の人だのに、こういう風に生で食べるのは始めてだそうで「ええもんじゃのう」。クロッキーの帰りにカキを並べてるところがあったので入ったそうですが、あとで聞いたらオデオン座の前の第一級の高い店で（店内にコクトオかバルチュスが描いた壁画のある）、流石に「高いのう」とおかしく思ったそうです。

枇杷くらいもどかしいものはないのではないか

谷川俊太郎『ことばを中心に』『よしなしうた』

いったりきたり

三億円事件（一九六八年）のころだった。刑事が一軒一軒しらみつぶしに回って、わたしの家にもきた。

「お宅はなにをやっているのですか」と聞かれるので、「絵描きでして、いまはちょうど谷川俊太郎の本の装丁をやっているのです」と誇らしげに言うと、「谷川俊太郎とはどういうひとですか」ときた。「あなた、タニカワシュンタロウを知らないの？」といった。

後日、谷川さんにあって、「谷川俊太郎を知らない人がきたよ」というと、「そりゃあ、知らない人の方が多いのに」といった。

彼が詩人であることと、この名前がペンネームではないかと思うほど、ぴったりしていることに驚く。

その谷川俊太郎に『ことばを中心に』という、草思社の出した本がある。その中の「井上ひさし」という章からの抜粋。


井上さんは自分で自分を不真面目とおっしゃってるが、私にはそうは思えない。作品の量ひとつとってみてもあきらかではないだろうか、勤勉であってなおかつ不真面目でいることは、井上さんの才能をもってしても困難だろう。『吉里吉里人』も部分的な仕掛けとしてはノンセンスに近いものがあるけれど、基本的には実に真面目だと思う。

本筋に関係のない寄り道や脇道、吉里吉里語でぶち上げられる言語論、経済論、法律論等々、そしてさまざまな文体のパロディ、……


これには全く同感である。わたしは絵を描くために吉里吉里人の里へいった。奥羽本線の関係から、たしか一関《いちのせき》あたりが吉里吉里独立国だったと思うが、実際にも海岸近くに吉里吉里という町があったのにはおどろきもし、また納得もした。

覚えているのは、吉里吉里国には「いったりきたり」という犬がいるということである。

これはわたしの想像だが、二匹の犬が番《つが》っているため、前にも後にも行けるようになっていて、そこをたくみに「いったりきたり」といったものであろう。

昔、わたしが子どもの頃は「いったりきたり」をよく見かけた。よそのおじさんが水をぶっかけたりすると、たちまち二匹がわかれた。わたしが東京へ出てきてからはいちどもみたことはない。

わたしの飼っていたエアデールテリアの血統書付きの犬がいた。ＡＢＣ順に名前をつけ、あなたの場合はＦだというので、フェアリーにした。

ある日、公園で首の縄をほどいたところ、一目散にあらぬ方をめがけてはしった。それ以来行方不明となり、わたしはポスターをつくって隣近所の人に宣伝していたところ、数日たって近所の人から「今、女子学生が、お宅の家の犬らしいものを散歩させています」と電話が来た。

わたしは驚喜してかけつけたところ、わがフェアリーがいるではないか。フェアリーは、わたしに飛びついて再会をよろこんでくれた。女子学生は近所にお茶か何かを習いに来ていた人で、師匠の家の犬を散歩させているのだという。わたしは菓子折りを持参してその師匠にお礼に行ったが、考えてみると犬をつないで自分のものにしなければ帰ってくるはずであるのに、つないだことを怒ることを忘れていた。

血統書付きの犬でも、ときがくれば「いったりきたり」しかねないことをおもんばかったが、見張っていたわけではないからその疑いはさしはさまぬことにした。

ノルマンディでの煙草

この本『ことばを中心に』には、わたしのことも出てくる。「一九七七年の六月、ロッテルダムの詩祭にいった帰りに、パリで安野光雅さんとおちあい、堀内〈誠一〉さんを道案内に……ノルマンディへ四泊五日のドライブをした」とある。

思い出した。堀内さんは安宿でいいといい、わたしたちもそう思って意外に捜しにくい安宿をみつけてとまった。

ノルマンディ上陸作戦の海辺には、いきのいい貝を売る店があり、女の人が皿いっぱいに盛った貝から、中の身をひきだしては食べていた。堀内、谷川の二人も平気で食べたが、山育ちのわたしには貝の殻から身を引き出して食べるということは困難であった。

堀内さんの言うにはフランス人の牡蠣の食べ方は、殻を開けたら檸檬を絞り込み、中に入っているのが海水だとしてもそのまま口に入れるのが正しいとされている。日本のように洗ったりなんぞしないという。いくら山育ちでも牡蠣は食べるから、彼の作法にしたがったが、さすがにおいしいものだった。

バイユーのタペストリーは、のちに複製を手にいれてみなおした。その昔はノルマンディもイギリス王がでかけてくるほどのところだったらしい。稚拙でそれだけ巧みで素晴らしい絵巻だった。サン・マロの海はその後、再訪した。堀内さんたちといった魚料理の店も再訪した。ブイヤベースも食べた。地元の魚に、エビ、カニ、貝などの魚介類を材料とし、オリーブ油、ニンニク、サフランなどがはいっている郷土料理。これがとくにおいしい。

この本には、わたしの『空想工房』という本についても書いてある。その中の「敷島」と題した文章に、わたしは父のことを書いたのだが、谷川さんが褒めているので、ここでくわしく書くのは控え、部分だけかかげる。

これは、わたしが生意気にも親父の前で煙草を吸ってみる箇所で、「おまえ、煙草をすうのか、それなら、いい煙草があるよ」といって出してくれた煙草の名前である。わたしが十六歳くらいの頃だった。このめずらしい父の反応は、読んでいただくとわかるが、父は老いているのであった。

話は変わるが、じつはノルマンディにいったとき、谷川さんが煙草の葉をちょっと巻いて吸い口に砂糖をつけた煙草を持っていた。ちょうどそのときわたしは禁煙の努力をして、一年くらい禁煙をつづけていた。でも谷川さんが吸うのをみていると、一年の努力はかなり危険になった。「その煙草はなんだ？」ときくと、今でも覚えているが「ジャワでもらったもので、こんなものは煙草のうちに入らないよ」といった。「煙草のうちに入らない」という言葉はわたしの緊張をゆるめるのに、なんと効果的だっただろうか。

谷川さんはなにも知らなかったが一年有半のわたしの努力は一本のジャワの煙草のために水泡に帰した。

その後改心し、もう何年も煙草を吸っていない。要するにどんなに煙草が好きな人でも、三分くらいは吸わないときがある。その三分が五分になり、一時間になり、一月、数年とのびるだけである。言いかえればひとたび煙草を吸った以上、十年も三分も同じになる。

これが、アヘンだったらどうなるか。

今にして思えば、英国と清国との貿易は、イギリスの輸入超過であった。

清国内にアヘンを吸うものが増え、風紀も退廃した。英国はアヘンを清国にいれ、代金は銀で決済したため、アヘンの輸入量がふえ貿易収支が逆転し清国内の銀保有量が激減した。ときの道光帝は一八三八年に林則徐にアヘン密輸の取り締まりに当たらせた。

林則徐は、非常に厳しいアヘンの輸入に対する取り締まりを行った。一八三九年、英国の同業者も含め、アヘン商人たちを取り締まった。アヘン商人たちには「今後、いっさいアヘンを清国国内に持ち込まない。」という誓約書を書かせ「持ち込んだら死刑」と通告した。

さらにイギリス商人が持っていたアヘンを没収したが、この時、処分したアヘンの総量は一四〇〇トンを超えたという。いわゆる末端価格ではいくらするだろうか計算もかなわない。

林則徐は九竜半島でのイギリス船員による現地民殺害を口実に八月一五日にマカオを武力封鎖して市内の食料を断ち、さらに井戸に毒を撒いてイギリス人を毒殺しようとはかった。

アヘン戦争になった。結果的には清国が負け、英国は香港を九九年間の期限で租借地にし、賠償金ももらった。

わたしのよく知っている医者は、煙草はアヘン戦争に似ているという。

「百害あって一利なし」の煙草であり、これほど禁煙に力を入れる国がなぜ一八歳未満の青年は煙草を吸ってはいけないなどと、呑気なことをいっているのか。アヘン戦争だからなのだ。煙草と税収はふかい関係にある。その後、煙草をやめたわたしは大口をたたく。

そういえば、庭瀬康二という名医が、河北病院におられた。わたしが外国旅行で腰をいためたとき、筑摩書房のすすめで、診てもらったことがある。谷川さんの御子息が音楽の公演をやられたとき、その庭瀬先生と会場でぱったりであったが、何のふしぎもなかった。

本来この庭瀬先生は谷川俊太郎のいとこか何か、つまり親戚だった。豪快な医者で、自分で自分のレントゲンを撮り、「あ、これは癌だ」と診断したという。わたしより先に亡くなった。

想像だが、この先生も煙草はアヘン戦争だとおもっていたにちがいない。『ガン病棟のカルテ』（新潮社）という著書がある。

煙草をやめた晩には、最後に鍵をかけて部屋を出るとき、「あ、煙草は消したかな」などと思わないことが最大の恩恵である。

『ことばを中心に』では大岡信についても書いている。

大岡が三鷹、深大寺周辺を離れないのも、彼が自然人であることの証拠だろう。彼が時代に鈍感であるはずはないが、彼はまた時代の病におかされるほど過敏でもない。古典詩歌とともに現代美術を論じることの出来る彼は、多忙な生活を強いられながらも、同時代の創作者の誰にもまして健康だ。「折々のうた」は現代人にとっては、ひとつのセラピーとして働いている。

これは、むかし書かれたもので、わたしも深大寺のお家にいったことがあるが、なんとつらいことに、彼は元気ではあるが、遠くにはでかけられない病気になってしまって、いまは郷里の三島に帰っている。でも最近『折々のうた』をだした。これは長くのこる畢生の名作である。（大岡信は二〇一七年四月五日に亡くなった。）

わたしに似合う詩

谷川さんのことを書いているのだから、彼の詩をかかげたいが、山ほどあってえらべない。でも大切にしている『よしなしうた』（青土社）のなかから、いくつかをあげるのが、わたしには似合っているだろう。

しんぶん

あすのあさまた　しんぶんがくる
そうおもうと　かれはなきたくなった
どこかとおくの　たかいやまから

おおきなわしが　とんできて
そのつばさで　だきしめられるようなきもち
ああ　あすのあさもしんぶんをよもう
あたらしいインクのにおいを　かぎながら
しんぶんに　かいてあることなら
どんなことでも　かれはだいすき
ひとごろしを　おとぎばなしのようによみ
かぶのねあがりを　くすぐったがり
クーデタに　ぼうっとなりながら
かれはせかいの　かぎりないむごさを
べんきにすわって　こころゆくまであじわう

ねむるまえ

ねむるまえのひととき　おとこは
おおむかしのシベリアへ　いってみた

マンモスがいっとう　おとこをみつめたので
こわくなって　ベッドへもどってきた
そとをみると　つきのひかりがきれいなので
おとこはちょっと　つきへいってみた
つきはしずかすぎて　たいくつだった
そこでおとこは　まちののみやへいった
おとついけんかした　ともだちがいたので
さけをおごって　なかなおりして
いっしょにてんごくへ　いってみた
てんごくは　ひどくこみあっていて
ともだちと　はぐれてしまった
おとこはあくびをひとつして　ねむりこんだ

びわ

びわを　たべる

びわを　たべるためには　かわを
むかなくてはならない
かわを　むくためには　てが
なくてはならない
てが　あるためには　からだが
なくてはならない
からだが　あるためには　このよが
なくてはならない
このよが　あるためには　たぶんびわが
なくてはならない　びわのつゆが
しろいあさふくの　ひざにこぼれ
したうちを　しながら
びわを　たべる

それにしても、枇杷くらいもどかしいものはないのではないか。せっかく皮をむいても、出てくる実はわずかで、種ばかり大きい。種の方が大きい果物がほかにあるだろうか。大きさがあるものだから捨てるのも惜しく、種ばかり溜めて、その種を丸や四角にならべて遊んだが、じきにあきてしまった。

枇杷を品種改良してもらえないかと、枇杷を食べながらいつも思っていたが、このごろは思わない。あまり食べないから。

本当の意味での思想家、考える人であった

遠山啓と大岡信について

二〇一六年四月の熊本大地震のおり、益城町が震源地だったと報道された。遠山啓（一九〇九〜一九七九）はまさにその益城で生まれた。数学者であるが人々は、数学はもちろん、その人柄に心酔していた。

わたしは、学者には珍しくハンサムだったと思っている。たしかめたわけではないが、はじめ東京大学の数学科へ入った。ところが先生と意見が合わないので忽然と東大をやめ、逼塞して文学書を読みふけったという。巷間ではそのままいけばバルザックやウィリアム・ブレイクの権威になったという人があったが、そうかもしれない。ただしわたしはバルザックや、ウィリアム・ブレイクを読んでいない。

やがて大学へは行った方がいいだろうと考え、東北大学へ進んだ。その間四、五年間、文学に傾倒していたことになる。

岩波新書の『数学入門』（上・下）、『無限と連続』は素人にも読める名著で、今も版を重ねている。

そんな偉い先生に、わたしの絵本を『はじめてであうすうがくのえほん』と名付けていいでしょうかと、（そのころは横浜におられた。福音館書店の藤枝澪子という人につれられて）聞きにいった。先生は「順序立てて物事を考えるということが数学なのだ」といわれ各巻に解説を書いていただいた。

わたしは、その後、遠山先生監修の一〇冊セットの、こどものための数学の本（『さんすうだいすき』日本図書センター）の装丁をしたことがある。その一〇冊をどのように並置しても一つの風景になるという趣向でやったつもりだったが、今では「少し考えすぎだったかな」と思っている。

「遠山啓は本当の意味での思想家、考える人であった」と大岡信は書いている。

遠山さんは、関数というものに焦点を合わせつつ、数学的なものの考え方とは何か、という本質論にまっすぐにひとを導いていき、その過程で、たとえばデカルトの『方法序説』の考え方の基礎についても、ごく自然に納得できるように説明してくれている。

遠山さんは、こういうことも言った。「数学をやって、数学と他分野との境界線にふれないようなものは、駄目だと思います」。

大岡さんはじつは書の達人

話が変わるが、大岡信の本も装丁させてもらった。最初は『ぬばたまの夜、天の掃除器せまってくる』（岩波書店）という本で、この時、大岡さんが手紙をくれた。「これはこれはいい本になった」という意味のことが書いてあったが、大岡さんはじつは書の達人だから、実にいい字なのである。わたしはいまもその字を大切にしている。

最近『折々のうた』を、「はる、なつ、あき、ふゆ」の四季に分けた形で童話屋が出した。その装丁をわたしがやらせてもらって、四季の文字を書いた。大岡さんが元気ならわたしの出る幕ではなかったのだが、やむをえず書いた。

（その大岡さんは体調が悪くてながくベッドに臥していたが二〇一七年四月五日に亡くなった。）

朝日出版社が最近、大岡信の『人類最古の文明の詩』という本を出した。

田中冬二（一八九四〜一九八〇）といえばたれしらぬ者もない詩人だが、この本の中にひいてある。

くずの花　　　　田中冬二

ぢぢいと　ばばあが
だまつて　湯にはひつている
山の湯のくずの花
山の湯のくずの花

この詩は無論すぐれているが、この詩のあとにつづく、大岡さんの次の数行にわたしは、唸る。

詩人というのは本当にわけのわからないものでして、場合によってはくだらない行でひっかかって、うまくいきそうな詩を全部めちゃくちゃにしてしまうことがありますが、それが時間に追われずに「虚」の世界で遊ぶということの本当の楽しみなのです。要するに、ばかばかしいことを夢中になってやっていること自体が本当の楽しみなのです。

この本には続いて萩原朔太郎（一八八六～一九四二）のことがいろいろ書いてある。

愛憐　　萩原朔太郎

きつと可愛いかたい歯で、
草のみどりをかみしめる女よ、
女よ、
このうす青い草のいんきで、
まんべんなくお前の顔をいろどつて、
おまへの情慾をたかぶらしめ、
しげる草むらでこつそりあそぼう、
みたまへ、
ここにはつりがね草がくびをふり、
あそこではりんだうの手がしなしなと動いてゐる、
ああわたしはしつかりとお前の乳房を抱きしめる、

お前はお前で力いっぱいに私のからだを押へつける。
さうしてこの人気のない野原の中で、
わたしたちは蛇のやうなあそびをしよう、
ああ私は私できりきりとお前を可愛がつてやり、
おまへの美しい皮膚の上に青い草の葉の汁をぬりつけてやる。

この本を読めば大岡信の詩についての考え方が知られると思うが、その意味では、『対談 現代詩入門』（谷川俊太郎との共著。中央公論社）がよく読まれているようだ。わたしはこれらの本で現代詩について学んだ。谷川俊太郎と大岡信の詩に関する対談集はたくさんあるが、その中の一冊である。

追悼の詩

大岡さんに、遠山啓におくる追悼の詩がある。

悼詩

大岡 信

人はみな
かけがえのないひとりひとりの命を、
生きている。
わたしもまた、そのようにして、
生きている。
むしろ、
そのようにしか生きられないのが、
「ひと」の命というもの。

けれども、人は
ほかの命と出会い得て、
その人のかけがえのなさを知る日までは、
おのれ自身のかけがえなさにも
ほんとの意味では気づかない。

そのようにしか生きられないのが、
どうやらわれらひとりひとりの
人間的な条件というもの。

けれどもこの人間的な条件こそ、
ひととひととの出会いを、
これほどにもかけがえのないものとし、
人生の道路上で茫然自失することから
わたしたちを救ってもくれる。

そのようにして、わたしたちは
生きるたのしさを知るのだ。

縁あって——それにしてもなんという
良縁だったことだろう——
何年ものあいだ

折々に遠山さんにお会いする
たのしさを知った。

遠山さんは
川べりの柳の木かげのように涼しい額の下に、
いたずら好きの少年の眼を隠していたが、

その眼には
曲がったことの大きらいな青年の意志と、
なにごとにも楽しさを見出してやまぬ
天才の好奇心が動いていた。
遠山さんは
よく透る静かな声で話された。

その声は、ひとびとに告げていた、
数学は

若干の公理系から導き出される自律的な体系の
小宇宙であるだけではなく、
ひとりひとりの全人生がひたっている
自然や社会の構造を映しだした、客観的な知識なのだと。

数学よりも芸術よりも先に、
人間の諸能力の全身的な目覚めがなければならないことを、
遠山さんは説きつづけられた。
この国では
それはしばしば、絶望的な憤りなしに
語れないことだったのに、
むしろ、つねに、「たのしさ」について多く語った。

だれにも真似のできることではなかった、
あれほどにも、生きる時間のふくらみを、
その貴重さを、教えつづけてやまないことは。

わたしは思う、
遠山さんは
きたるべき、新しい世紀のために、
あの微笑みを、謎として残していったと
その微笑みのひとひらを、
てのひらの露の上にわたしも映して、
ひとりの偉大な人に、いまお別れする。

遠山さんの微笑みが
胸にいつでもよみがえるかぎり、
わたしはわたしの
「歩きはじめの算数」の道を、
はじめから、くりかえすことができるだろう。
くりかえし歩きつづけることも、また
できるだろう。

一九七九年九月二十三日　遠山先生告別式の日に

大岡さんと遠山啓さんとの対談のなかで、文章はタテ書きがいいかヨコ書きがいいかという話題になったらしい。

タテ書きヨコ書きと、日本ではこの二つが混在している。これは部分的に見ればたいしたことはなさそうだが、今の日本語表記にとって、いずれ話題になるかもしれない。これは遠山・大岡の二人のテーマであるが、なんでも賛成の二人なのに遠山さんがヨコ書き賛成派であることは大岡さんには意外だったという。

たがいにその見解が述べられているが、わたしは、たとえばヨコ組みのエッセイは読む気がしない。たぶん小説もそうだろう。ただし数式の混じってくる数学の本になるとヨコ組みがいい。

パソコンは以前タテ組みができる一太郎を使っていたが、ワードの方が何だか便利な気がしてワードにした。ワードでもタテ組みができるが、いつのまにかめんどくさくなって、ワードのヨコ組みになってしまった。ただし印刷にするときはタテ組みである。

今は、ヨコ組みでもいいではないかと思うようになった。ただし色を変えたり、大きさをかえたりすることはわたしはできない。タテ組み・ヨコ組みのそれぞれの美しさからきているのではなくて、もっぱら能率だけで言っているのである。

あとがき

子どもの頃から本が好きだった。母がたぶんへそくりから五十銭のお金を工面して、「のらくろ」「冒険ダン吉」「英雄行進曲」などが満載されている『少年倶楽部』を買ってくれた。これが生涯ただ一度の宝ものになる事件だった。

わたしは目次の文字から、巻末に乗っていた6ポ組の懸賞の当選者の名前まですべて読んだ。本が好きだったというより、文字の後を追っかけるのが好きだったのかもしれない。

山本虎雄は炭焼きの子で、どこで雑誌など読んだのか、「僕は丑太のようになりたい」とよく言っていた。丑太はお金持ちの家の丁稚小僧で小学校の時はその家の子と机をならべていたのに、貧乏だから中学校に行けない。だから、彼は進んで親方の同級生の子の勉強を手伝い、その子の教科書を学んで大きくなった。丑太が登場する小説の作者は佐藤紅緑《こうろく》といった。「あゝ玉杯に花うけて」「一直線」などがあり、少年たちの涙をしぼった。

あれから、二十年近くたち、わたしも『少年倶楽部』から遠ざかったころ、講談社で加藤健一という人にあった。

彼は昭和初期の『少年倶楽部』を編集した有名な編集長だった。わたしはお世辞のつもりで、

「太田投手の活躍にはおどろきました」といったら、「ふン、彼は南部だからな」といったところを見ると、彼は青森ではあるが、津軽に違いなかった。

彼が、わたしの子どもの頃の『少年倶楽部』の編集長だったことを知って、大いに驚いた。恐らく加藤健一本人は、考えてもいないほどの、わたしの感動に、気が付かなかっただろう。

昔、レッド・パージというものがあって、各社ともに誰かが犠牲になってパージをうけねばならない。加藤健一はレッド・パージを買って出て、たしか講談社の三階に住むようにして仕事をしておられた。だから往年の『少年倶楽部』の編集部の人々はいかにも懐古的にその部屋を訪ねて来ていた。田河水泡に会ったのもやはり、この方の部屋だった。わたしが田河水泡の復刻版の絵を描いたため、彼はわたしにお礼だと言い、色紙を書いてくれた。

同じ講談社に佐伯哲郎という人がいて、彼がわたしと世代が同じだったために、『少年倶楽部』にどれほど憂き身をやつしたか、会うたびにその話をした。彼と会えばいつでも小学校の五年生くらいに立ち帰るのであった。また、山本という人がいて、『少年倶楽部』の復刻版を出したいが、現代仮名遣いに直すのが大変だというので、「何が大変なものか、そのまま出せばいい、現代仮名遣いなど問題にならない。広告も定価もそのままだ」と言うと、その山本さんは胸をなでおろして「早速やる」と言った。その装丁の仕事はタダでもいいから、わたしにやらせろ、と言ったがタダではなかった。

そういえば、椛島勝一という、すごく丁寧な絵を描く人がいた。本の装丁にその人の絵を借りることになり、「本の背がちょうど木の幹になるだろうから、そこに文字を入れればいい」とかなんとかいって帰ったら、前述の佐伯哲郎が電話をかけてきて、「レイアウトしてみたところ、あなたの言うように本の背中に幹が来るようにすると、絵に足りないところが出る。つまり、白くなるので、描き足してもらえないか」と言う。わたしは、たちどころに小学五年生になった。

「描けないとでも思っているのか。あたしゃね、五年生の頃、椛島勝一の模写が趣味だったんだぞ」と、心の中で思った。つまり椛島勝一の絵で左右が気付かれない程度に伸ばして描いた。その『少年倶楽部』の復刻版は、今は津和野の美術館にはあるが、あちこちの図書館にも入っているだろう。自慢めいて聞こえるのは、わたしが小学五年生だからである。

その頃は、休みの日に教会の神父さんのところへ行って、本を借りたいと言うと、すぐに『幼年倶楽部』『少年倶楽部』『少女倶楽部』などを貸してくれた。わたしはそこの別室に本を読むところがあったので、そこまで雑誌を持っていき、寝転んで本を読んだ。神父さんは「ヘンプロン、ヘンプロン（例えばの意味）」とよく言っていたが、日本語の勉強の途中らしかった。わたしが宗教に寛大なのは、その神父さんたちに対する、いわば義理立てである。

今でこそ絵本は欠かすことはできないが、そのころ「講談社の絵本」というものが売り出され、第一巻目は斎藤五百枝《いほえ》の『桃太郎』だった。ところがこれが返品の山となり、講談社の一階はこの本で埋まったが、本というものはそういうものなのか、見る見るうちに返品の山がなくなり、ついに一冊もなくなったときは胸をなでおろしたと加藤健一は言う。

わたしは田河水泡の「のらくろ」よりも島田敬三の「冒険ダン吉」の方が面白いと思っていたが、やがてそれも卒業して、血沸き肉躍るという触れ込みだった佐藤紅緑の「英雄行進曲」に変わった。

たしかに『少年倶楽部』は佐藤紅緑の少年小説が売り物だったが、ある日、『少年倶楽部』の編集者が佐藤紅緑のもとへ伺って、次回の小説は「どういう話にしてもらえるか、マンネリになるといささか問題がありますので」と言ったらしい。これが佐藤紅緑の逆鱗にふれて、「もっと上の者をつれて出直してこい」ということになった、と山本夏彦が書いている。このときに、連載は終わった。何事も終わりがあるものだと感無量である。

やはり子どもの頃のこと、金山の治ちゃんという子がいて、自分の家は本屋さんだったのに、彼は片っ端から本を学校に持ってきて友達に貸した。わたしは待ち遠しくその順番を待った。あとになってわかったが、彼はあたまのいい子で彼ら三人の兄弟はみんな東京大学へ行った。東大生には似合わぬほど、面白い子で、どこにそんな才能が隠れていたのか、少しも知らずに遊んでいた。もう少し尊敬すべきだったと思う。

『少年倶楽部』のあとは『杜子春』とか、『三四郎』とか、やや背のびをして『即興詩人』、外国の本ではシェークスピアなどを読みふけった。

挙げればきりがない。なぜ私が本が好きで、人に本を薦めるかというと、自分の面白かった世界をみんなに知ってもらいたいだけなのだ。

そうはいっても、なかなか読んでもらえない。この頃は本を読む人が少なくなったという。どうもそれは本当らしい。とうとう、本を読めば美人になれると、本屋の回し者みたいなことを言ってみたりする。しかし。これはアナガチ嘘ではないかもしれない。

思い出すことがある。パール・バックの記念館（中国。鎮江）へ行ったとき、休みだったから裏口へまわってみると、そこで静かに本を読んでいる女性をみつけた。いっしょに行った中村愿という人が、「わたしはこれまで何度中国へ行ったか知れないのに、あんな美しい人を見たことはなかった」と言うのだ。中村愿から言われたのでは、後出しじゃんけんになるが、わたしもそう思った。みめかたちが整っているだけで美しいというのは、女優さんの世界のはなしである。女優でも本当に美しいのはみめかたちではない。もらった名刺が記念館のものだったので、「せめてお名前だけでも」と、聞いた。苗字だけしか教えて貰えなかったが、張さんという方だった。

今日、喫茶店で珍しく本を読んでいる中年の男の人を見た。こんなことが、はなしのたねになる時代では悲しいではないか。

二〇一七年七月

安野光雅

◉本書で紹介した主な本

ファーブル『完訳ファーブル昆虫記』全十巻、奥本大三郎訳、集英社
武田百合子『犬が星見た――ロシア旅行』中央公論社
中村哲・澤地久枝『人は愛するに足り、真心は信ずるに足る――アフガンとの約束』岩波書店
ショイルマン編『絵本パパラギ――はじめて文明を見た南の島の酋長ツイアビが話したこと』
　構成・絵 和田誠／岡崎昭男原訳
デカルト『方法序説』谷川多佳子訳、岩波文庫
橘南谿『東西遊記』上・下、宗政五十緒校注、平凡社東洋文庫
ホワイト『科学と宗教の闘争』森島恒雄訳、岩波新書
日高敏隆『人はどうして老いるのか　遺伝子のたくらみ』朝日文庫
コロンブス『全航海の報告』林屋永吉訳、岩波文庫
堀田善衛『スペインの沈黙』ちくま文庫
ラス・カサス『インディアスの破壊についての簡潔な報告』染田秀藤訳、岩波文庫
デュマ『モンテ・クリスト伯』山内義雄訳、岩波文庫
大佛次郎『ドレフュス事件』朝日選書
カーン『パブロ・カザルス　喜びと悲しみ』吉田秀和・郷司敬吾訳、朝日選書
小泉八雲『耳なし芳一』講談社、岩波書店ほか

芥川龍之介『羅生門・藪の中』ちくま文庫ほか
井伏鱒二『さざなみ軍記』新潮文庫ほか
司馬遼太郎『韓のくに紀行』朝日文庫
イザベラ・バード『完訳　日本奥地紀行』全四巻、平凡社東洋文庫
森まゆみ『子規の音』新潮社
岡倉覚三『茶の本』岩波文庫
森鷗外『即興詩人』岩波文庫
菊池寛『父帰る』岩波文庫・新潮文庫ほか　（『逸話に生きる菊池寛』文藝春秋、非売品）
六代目三遊亭圓生『新版　寄席育ち』青蛙房
三木のり平『のり平のパーッといきましょう』聞き書き　小田豊二、小学館
半藤一利『B面昭和史』平凡社
半藤一利『文士の遺言』講談社
志賀直哉『城の崎にて』新潮文庫、角川文庫ほか
吉村昭『吉村昭自選作品集　別巻』新潮社
堀内誠一『パリからの手紙』日本エディタースクール出版部
谷川俊太郎『よしなしうた』青土社
谷川俊太郎『ことばを中心に』草思社
大岡信『人類最古の文明の詩』朝日出版社

安野光雅（あんの・みつまさ）

一九二六年、島根県津和野町生まれ。山口師範学校研究科修了。

一九七四年度芸術選奨文部大臣奨励賞、その後ケイト・グリナウェイ特別賞（イギリス）、最も美しい50冊の本賞（アメリカ）、BIB金のリンゴ賞（チェコスロバキア）、国際アンデルセン賞などを受賞。一九八八年に紫綬褒章、二〇〇八年に菊池寛賞を受ける。津和野に「安野光雅美術館」、京丹後市には「森の中の家 安野光雅館」がある。

主な著作

『絵のまよい道』『御所の花』『会えてよかった』（朝日新聞社）、『ふしぎなえ』『旅の絵本』『ABCの本』（福音館書店）、『安野光雅の画集 Anno 1968-1977』『繪本平家物語』（講談社）、『小さな家のローラ』（朝日出版社）、『安野光雅・文集（全六巻）』（筑摩書房）、『絵のある自伝』（文藝春秋）、『わが友の旅立ちの日に』『空想工房の絵本』『少年時代』『会いたかった画家』『本を読む』（山川出版社）ほか多数。

本《ほん》が好《す》き

二〇一七年七月二十日　第一版第一刷印刷
二〇一七年七月三十日　第一版第一刷発行

著者　安野光雅
発行者　野澤伸平
発行所　株式会社 山川出版社
〒一〇一―〇〇四七
東京都千代田区内神田一―一三―一三
電話　〇三（三二九三）八一三一（営業）
〇三（三二九三）一八〇二（編集）
振替〇〇一二〇―九―四三九九三
企画・編集　山川図書出版株式会社
印刷所　半七写真印刷工業株式会社
製本所　株式会社ブロケード

造本には充分注意しておりますが、万一、乱丁・落丁などがございましたら、小社営業部宛にお送りください。送料小社負担にてお取替えいたします。
定価はカバーに表示してあります。

ISBN 978-4-634-15122-2